TÓPICOS AVANÇADOS EM COMUNICAÇÃO

PARA ENTENDER AS RELAÇÕES PÚBLICAS E A COMUNICAÇÃO CONTEMPORÂNEAS

REFLEXÕES E TENDÊNCIAS

Carolina Frazon Terra
João Francisco Raposo

TÓPICOS AVANÇADOS EM COMUNICAÇÃO

PARA ENTENDER AS RELAÇÕES PÚBLICAS E A COMUNICAÇÃO CONTEMPORÂNEAS

REFLEXÕES E TENDÊNCIAS

Freitas Bastos Editora

Copyright © 2025 by Carolina Frazon Terra e João Francisco Raposo.
Todos os direitos reservados e protegidos pela Lei nº 9.610, de 19.2.1998.
É proibida a reprodução total ou parcial, por quaisquer meios,
bem como a produção de apostilas, sem autorização prévia,
por escrito, da Editora.

Direitos exclusivos da edição e distribuição em língua portuguesa:

Maria Augusta Delgado Livraria, Distribuidora e Editora

Direção Editorial: *Isaac D. Abulafia*
Gerência Editorial: *Marisol Soto*
Assistente Editorial: *Larissa Guimarães*
Copidesque: *Tatiana Paiva*
Revisão: *Enrico Miranda*
Diagramação e Capa: *Alinne Paula da Silva*

Dados Internacionais de Catalogação na Publicação (CIP)

T324t   Terra, Carolina Frazon

Tópicos avançados em comunicação: para entender as relações públicas e a comunicação contemporânea Reflexões e tendências / Carolina Frazon Terra, João Francisco Raposo. - Rio de Janeiro, RJ : Freitas Bastos, 2025.

104 p. : 15,5cm x 23cm.

Inclui bibliografia.
ISBN: 978-65-5675-505-2

1. Comunicação. 2. Relações públicas. 3. Comunicação contemporânea. I. Raposo, João Francisco. II. Título.

2025-931   CDD-302.2
                                                           CDU-316.77

Elaborado por Vagner Rodolfo da Silva - CRB-8/9410

Índices para catálogo sistemático:

1. Comunicação 302.2
2. Comunicação 316.77

Freitas Bastos Editora
atendimento@freitasbastos.com
www.freitasbastos.com

Carolina Frazon Terra

Professora e pesquisadora pela Universidade de São Paulo (USP). Líder do grupo de pesquisa Influcom e membro do COM+, ambos da ECA-USP. Em Relações Públicas, é graduada pela Universidade Estadual Paulista (Unesp), mestre e doutora em Ciências da Comunicação pela USP, com estágio pós-doutoral pela mesma universidade. Já atuou em empresas como Fiat, Vivo, Mercado Livre, Agência Ideal, Garoto e Nestlé. Tem, ainda, uma consultoria de mídias sociais e RP digitais. Autora dos livros: *Marcas influenciadoras digitais*, *Comunicação organizacional*, *Byung-Chul Han e a hipercomunicação*, *Mídias sociais e agora* e *Blogs corporativos*.

João Francisco Raposo

É doutor e mestre em Ciências da Comunicação e especialista em Gestão da Comunicação Digital Integrada, todos pela Escola de Comunicações e Artes, da Universidade de São Paulo (ECA-USP). Publicitário formado pela Pontifícia Universidade Católica de Minas Gerais (PUC-Minas), atua como pesquisador do Grupo COM+ da ECA-USP e tem ampla experiência em comunicação corporativa e RP em empresas e agências do Brasil e do exterior.

DEDICATÓRIA

Dedicatória de Carol:

Para Edu, Bruno e Pedro, amores da minha vida.
Para meus pais e familiares, sempre.

Dedicatória de João:

Para meus pais, Francisco e Antonieta, e para meu avô, Hélio Raposo.

Também dedicamos este livro aos estudantes, profissionais e entusiastas da comunicação e das Relações Públicas. Esperamos que sirva como ponto de partida, atualização e reflexão sobre o papel e a importância de ambas as áreas na contemporaneidade.

SUMÁRIO

PREFÁCIO 11

INTRODUÇÃO 11

CAPÍTULO 1 — A ASSESSORIA DE IMPRENSA MORREU? 13

    1.1 Uma "nova" assessoria 14
    1.2 Assessoria e consultoria de comunicação 19
    1.3 Estratégias 20
        1.3.1 *Branded content* 21
        1.3.2 *Newsjacking* 21
        1.3.3 Pauta conjunta (pautão) 24
        1.3.4 Distribuidoras de *press releases* 25
        1.3.5 *User-generated content* ou conteúdo gerado pelo usuário (CGU) 25
        1.3.6 *Bad PR* ou relações públicas negativas (ou às avessas) 27
        1.3.7 Produção de conteúdos proprietários ou *brand publishing* 30

CAPÍTULO 2 — CRISES E CANCELAMENTO DIGITAL 32

    2.1 Crises e suas principais características 33
    2.2 Gestão de crises 39
    2.3 Gestão de crise e cancelamento digital 41
    2.4 Crises envolvendo influenciadores digitais 45

CAPÍTULO 3 MARCAS INFLUENCIADORAS, INFLUÊNCIA CORPORATIVA DIGITAL E ECONOMIA DOS CRIADORES 48

3.1 *Brandcasters:* as marcas influenciadoras digitais 49
3.2 Influenciadores internos, *employer branding* e *C-level influencers* 53
3.3 Influenciadores virtuais 57
3.4 Economia dos criadores de conteúdo 60

CAPÍTULO 4 COMUNICAÇÃO E RP NA ERA DAS PLATAFORMAS E DOS DADOS............. 64

4.1 *Data comms* – novas práticas e habilidades por meio de dados..64
4.2 Inteligência artificial, *bots* e RP 4.0 68
4.3 Marcas, algoritmos e as novas regras do jogo 71

CAPÍTULO 5 TECNOLOGIAS E TENDÊNCIAS EMERGENTES 76

5.1 Metaverso 77
5.2 Os *games* como estratégia de construção de imagem e reputação 82
5.3 NFTs 84
5.4 Inteligência artificial e automação das relações 87
5.5 Saúde e bem-estar em tempos de hiperconexão 92

CONSIDERAÇÕES FINAIS 97
REFERÊNCIAS BIBLIOGRÁFICAS 99

PREFÁCIO

No livro *Para entender as Relações públicas e a comunicação contemporânea: reflexões, tendências e casos sobre tópicos avançados em comunicação*, os autores contextualizam e descrevem as grandes mudanças provocadas pela digitalização na sociedade contemporânea e como esta atinge a comunicação nas organizações. Ao mesmo tempo que destacam os desafios do fazer comunicacional na atualidade, mostram como se ampliam as possibilidades de sua aplicação nas práticas da comunicação organizacional e das Relações Públicas nos relacionamentos com um universo diferenciado e, também, peculiar em questão de novos públicos. O papel dos influenciadores digitais, amplamente utilizado pelas marcas, e ainda muito questionável do ponto de vista ético e persuasivo, constitui um dos pontos centrais explorados na obra. Todo o arsenal de inovações e instrumentos das tecnologias digitais é apresentado nas estratégias de ações comunicativas em organizações, com dicas para os gestores da comunicação organizacional e das Relações Públicas utilizarem-no de modo adequado, sem se esquecer dos princípios éticos que devem reger nossas atividades no campo das Ciências da Comunicação.

Margarida Maria Krohling Kunsch
Professora Emérita da Escola
de Comunicações e Artes da Universidade
de São Paulo (ECA-USP).

INTRODUÇÃO

A comunicação se vê, há muito, submetida à aceleração social do tempo e ao dinamismo das tecnologias e evolução das mídias. Sejam elas clássicas, tradicionais ou contemporâneas e digitais, o que compreendemos como comunicação – bastante midiatizada – anda a passos apressados e sempre se transformando em função dessa interdependência e impermanência de tudo.

Pensando nesse constante movimento de reconfiguração, nós quisemos produzir uma publicação que dialogasse com as mudanças e novidades que experimentamos no campo da comunicação organizacional. Idealizamos uma obra diferente, sem as tradicionais citações ou sem recorrer a outros autores o tempo todo, mas com um embasamento em um tom mais autoral que se conecta com as nossas vivências na docência, na pesquisa e no mercado de comunicação corporativa e de relações públicas.

Assim, dividimos nosso livro em cinco capítulos.

No primeiro, discutimos a evolução da assessoria de imprensa e a incorporação de diversos novos papéis e funções que fazem parte do escopo de trabalho de assessores e assessoras contemporâneos. Muitas práticas são apresentadas de maneira a mostrar como a comunicação das organizações foi incorporando tais atividades, em um mercado informacional abundante, hiperconectado e também mutante.

O segundo capítulo se dedica a falar sobre as temidas crises envolvendo marcas, influenciadores, funcionários e organizações de maneira geral, bem como discutir o fenômeno da cultura do cancelamento e suas consequências. As repercussões de ambos são motivo de preocupação, planejamento e aprendizados, e por isso propusemos um modelo simplificado de gestão de crises digitais.

O terceiro capítulo foca a influência corporativa digital, olhando para o tema tanto do ponto de vista de gestão de relacionamento com influenciadores, quanto em como transformar uma marca em um potencial agente de influência. Para isso, analisamos possibilidades e oportunidades, desafios e tendências do mercado de influência, que cresce consideravelmente em volume de investimentos a cada ano.

Dados, plataformas e uma mentalidade direcionada a tais temáticas são os temas do nosso quarto capítulo. Ali, discutimos a importância de entendermos a lógica dos algoritmos e das plataformas, bem como a inclinação que se faz necessária e compulsória de novas habilidades e de gestão de dados.

O quinto e último capítulo se debruça sobre tendências da contemporaneidade que impactam a comunicação e o trabalho de marcas e de relações públicas. Ali, falamos sobre temáticas como metaverso, NFTs, FOOH, *games*, inteligência artificial, dependência do *on-line/digital*, entre outros. Somos uma área altamente conectada com as transformações tecnológicas e sociais, daí a importância de analisarmos mais de perto as tecnologias e tendências emergentes que impactam a comunicação organizacional e o trabalho dos comunicadores.

Esperamos que a jornada proporcione a você, leitor ou leitora, a possibilidade de reflexões, ponderações e confrontos com conceitos estratégicos atuais e do passado, trazendo também novos conhecimentos e novos olhares para a comunicação e as relações públicas. Nossa intenção, com esta publicação, não é abarcar tudo que acontece no mundo da comunicação, pois essa seria uma tarefa impossível. Nosso principal objetivo é mostrar e discutir a ampliação de possibilidades e oportunidades que o campo ganhou, sobretudo com o digital, ao mesmo tempo em que se demanda um olhar atento e crítico de estudantes, profissionais de mercado e acadêmicos para todas as mudanças e modismos que afetam o fazer comunicacional.

Boa leitura!

CAPÍTULO 1

A ASSESSORIA DE IMPRENSA MORREU?

Muito se ouve falar que o "jornalismo perdeu força". Com a chegada das redes e das plataformas digitais, o trabalho da imprensa parece ter se reconfigurado drástica e rapidamente com uma avalanche de fontes e fatos vindos de todos os lados e a todo momento. Na mesma proporção, as redações se enxugaram, e isso impactou diretamente o escopo de relações públicas[1] e de assessoria de imprensa, que se torna cada vez mais complexo, e passa a incluir também o trabalho de influência digital e do *real time* em suas práticas e rotinas.

Ainda assim, o trabalho de assessores e assessoras parece resistir e seguir cada vez mais estratégico, ocupando boa parte do planejamento de RP de marcas e empresas contemporâneas interessadas em visibilidade e reputação positivas. Vender uma pauta, conseguir um espaço de qualidade para uma entrevista de porta-voz ou ganhar a capa de um jornal ou revista é algo cada vez mais e mais difícil, e exige das assessorias mais *expertise*, relacionamento e estratégias customizadas para além das coletivas e da produção e distribuição de posicionamentos e *press releases*, que seguem relevantes, mas junto de outras práticas importantes de RP.

Este capítulo visa discutir e analisar como se encontra e funciona a assessoria contemporânea, entendendo também como o escopo de RP se transformou e, agora, incorpora práticas e atividades que vão além do tradicional trabalho com a imprensa. Vamos buscar compreender

---

[1] Faremos uso, por diversas vezes, da abreviação de relações públicas, chamando-as, apenas, por "RP" ao longo de todo o livro.

também no que consiste uma consultoria de comunicação, assim como as principais estratégias de uma assessoria, que inclui também dinâmicas e atores do digital em suas rotinas comunicacionais.

1.1 Uma "nova" assessoria

Dos tradicionais informativos de imprensa para *press releases* digitais e até mesmo em *emojis*[2]. Da venda de pauta para a produção ativa de conteúdos próprios em *blogs* ou nas plataformas digitais. Ou ainda, das coletivas de imprensa para as *lives*. Essas são apenas algumas transformações que a assessoria de imprensa, uma prática ainda extremamente presente quando falamos das rotinas de RP no mercado, sofreu nos últimos tempos. A área nunca deixou de existir, definitivamente, mas, como toda atividade comunicacional contemporânea, acaba sofrendo mutações de tempos em tempos e incorporando uma série de novas atividades, habilidades e funções.

Figura 1.1 – Parte do release em *emoji* da Chevrolet, em 2015

Fonte: *Wired*.

Além de se relacionar com a imprensa, fazer assessoria hoje é também se preocupar com influenciadores digitais, com funcionários das empresas, com porta-vozes que podem atuar como interlocutores, seja na mídia ou nas plataformas digitais, e com uma miríade de públicos e audiências que estão hiperconectadas e em todos os lugares ao mesmo tempo, para parafrasear o filme[3] que ganhou o Oscar em 2023. Muitos

---

2 Disponível em: https://www.wired.com/2015/06/emoji-press-release/.
3 Ver mais em: https://www.adorocinema.com/filmes/filme-270743/.

CAPÍTULO 1
A ASSESSORIA DE IMPRENSA MORREU?

líderes – sejam governamentais ou corporativos – e muitas organizações já compreenderam que, muito além da imprensa tradicional, aquilo que expressam em seus perfis na rede pode (e, muito provavelmente, deverá) reverberar também na mídia, servindo como aspas ou até mesmo posicionamento oficial para a construção de pautas jornalísticas que podem até, em casos extremos, se transformar em crises.

Vivenciamos também uma reorganização das redações e das funções dos jornalistas, em meio a um "caldeirão" de informação e fontes de todos os lados. Os times de imprensa parecem cada vez menores, mas multifacetados, colaborando para inúmeras editorias e formatos ao mesmo tempo, buscando sempre o dado exclusivo, o fato inusitado, o conteúdo original. Uma verdadeira "caça ao clique" que vai atrás também daquilo que é crítico, polêmico, negativo, e isso torna o trabalho de RP cada vez mais complexo e peculiar. Retirar um jornalista da redação para uma coletiva ou conseguir um espaço *premium* na mídia, em veículos chamados Tier 1[4], está cada vez mais difícil por todos os fatores que listamos acima, aliados ao *boom* informativo dos tempos atuais.

Assim, saber trabalhar bem a assessoria de imprensa contemporânea se torna uma habilidade cada vez mais valorizada nas agências de RP, uma vez que a estratégia de engajar os *stakeholders* dos grandes veículos – assim como seus públicos – ainda ocupa boa parte dos planejamentos estratégicos de marcas e clientes de todos os tipos e tamanhos. Público potencial impactado, % de tom positivo ou negativo, % de veículos Tier 1, entre outras métricas seguem relevantes e sob os olhos atentos das empresas e de seus executivos, que já perceberam o valor da comunicação e das relações públicas para seus negócios. Todos querem seu "lugar ao sol", seja na imprensa, nas plataformas ou em ambos os espaços. E, a partir disso, a visibilidade, aliada à reputação e ao relacionamento, parecem formar a tríade das relações públicas, em uma economia da informação que transforma tudo e todos em produtores e consumidores de mídia, 24/7.

---

4 São os veículos de comunicação considerados mais estratégicos e relevantes para uma organização. Normalmente são os da grande imprensa ou do segmento específico da instituição. Podem ter circulação nacional ou local.

Alguns termos das práticas do assessor de imprensa atual são partes centrais das rotinas da área, tais como:·

Briefing: direcional que contém a descrição da situação ou campanha de uma marca, detalhando também oportunidades, objetivos, métricas e recursos para atingi-los. O *briefing* é o primeiro passo para dar início ao plano e à estratégia de comunicação a serem desenvolvidos.

Press release: conteúdo em formato jornalístico que trata sobre uma novidade ou um assunto de interesse do público do cliente. Ele é redigido e disparado pela assessoria de imprensa para editorias estratégicas da mídia, via *e-mail* ou ferramentas de disparo. Também conhecido como comunicado ou boletim de imprensa.

Posicionamento: são textos mais curtos – proativos ou reativos – nos quais a empresa busca declarar e assumir um determinado ponto de vista ou posição para esclarecer uma temática importante, seja ela uma crise, campanha, produto, etc., para a opinião pública e seus *stakeholders*.

Clipping: processo contínuo de monitoramento, análise e arquivamento de menções de um cliente feitas na imprensa e/ou nas plataformas digitais. No geral, trata-se de um arquivo que detalha imagens, *links* e *prints* dos veículos/influenciadores que divulgaram uma matéria ou ação.

Exclusiva: pauta ou matéria sugerida a um jornalista/veículo com exclusividade, geralmente antes do disparo de um *press release*.

Follow-up ou FUP: ação estratégica de contato com a imprensa após disparo do release para os jornalistas. Assessores e assessoras fazem contato "1:1" com as redações para checar se o conteúdo chegou ao destino, e oferecer mais informações sobre o que foi disponibilizado. Pode ser feito também com fornecedores, clientes, lideranças ou pares dos assessores e, na prática, tende a garantir mais resultados, quando falamos em publicações na mídia.

Encontros de relacionamento ou *goodwill*: são encontros estratégicos com a imprensa, com a finalidade de aproximar porta-vozes de uma marca com a mídia estratégica. Podem (e devem) ocorrer com certa frequência e fora dos momentos de campanha, para que a aproximação colabore na venda de pautas e em momentos de crise, por exemplo.

Análise de risco: diagnóstico de uma campanha ou ação de uma marca, pela ótica das relações públicas e do gerenciamento de crise prévio. Busca mapear pontos chamados de "telhados de vidro", que podem se transformar em cancelamentos ou repercussão negativa para as empresas. Pode ser feita também em conjunto com agências de publicidade e de eventos.

Sala de imprensa ou *newsroom*: repositório virtual de imagens e textos (releases etc.) para consulta e uso da imprensa. Funciona como um arquivo *on-line* do trabalho de assessoria de uma marca ou empresa.

Mensagens-chave: são as principais ideias que a marca quer transmitir para o seu público, como uma espécie de "identidade", e podem ser definidas pela assessoria junto ao cliente. É um dos elementos essenciais para a construção de um plano estratégico ou campanha de RP.

Media training: treinamento de porta-vozes de uma marca com a finalidade de preparar sua oratória e linguagem corporal para o contato com a imprensa em entrevistas. Consiste em *workshops* fornecidos por especialistas em comunicação, com palestras, cases e simulação de entrevistas com temas sensíveis e importantes para uma marca, em formatos diversos como vídeo, áudio, *on-line* e presencial.

Mailing: lista de contatos de repórteres, editores, chefes de redação, entre outros, usada para disparar *press releases, e-mail marketing* e outros assuntos de interesse. Traz informações importantes como nome, veículo, editoria, telefone, *e-mail*, endereço etc. Também pode conter dados de influenciadores digitais, e é um dos insumos mais estratégicos para o trabalho das assessorias.

PR stunt: de modo geral, é um factoide estratégico (uma "jogada"), ou seja, uma criação de fatos com conceito e imagens com o objetivo de surpreender o público de uma marca e "viralizar". Tal estratégia visa criar situações inesperadas e "fora da caixa" para surpreender as audiências – sejam elas consumidores em geral e/ou imprensa – e gerar *buzz* e mídia espontânea.

Sobre os *PR stunts*, vale desenvolvermos um pouco mais o tema, que é o queridinho das marcas quando falamos do trabalho de RP e de planejamento estratégico de assessoria de imprensa. Quem não se lembra do Trident do ator Cauã Reymond, na campanha "dura muito", que foi mastigado pelo ator e leiloado para os fãs como uma espécie de *memorabilia*? Ou do "melhor pôster do mundo", da cerveja Carlsberg, famosa por suas campanhas inteligentes, que distribuiu bebida grátis nas ruas de Londres em 2015? Ou, ainda, de quando a cantora Anitta espalhou peças de xadrez gigantes pelas ruas de grandes cidades brasileiras como teaser para divulgação do projeto CheckMate? São inúmeros os cases de *PR stunt*, e todos têm em comum o objetivo estratégico de gerar visibilidade e reconhecimento de marca, gerando também engajamento autêntico e *buzz* nas audiências para redefinir ou reposicionar uma marca.

Outro tipo de factoide/*stunt* que vem ganhando espaço nas estratégias das marcas é a FOOH (sigla para *faux out of home* – ou falsa *out of home*), um tipo de mídia gerada artificialmente por computador, e que também busca o *buzz* e a viralização na imprensa e nas redes. A Barbie gigante desencaixada em Dubai, os cílios postiços da Maybelline no metrô de Londres e o logo do TikTok dando tchauzinho para o público no festival The Town, em São Paulo, são apenas alguns dos exemplos dessa estratégia que cria ilusões de ótica manipuladas digitalmente para interagir e engajar com as audiências. Disney, Natura e Adidas já fizeram também sua estreia nesse novo espaço para o *buzz*. No entanto, ele traz um questionamento ético sobre até onde é possível ir para encantar o consumidor. Será que um conteúdo falso não deve conter a indicação de que não são imagens reais para que o público esteja ciente disso e a confiança e transparência na relação com a marca seja mantida? Veremos como a tendência seguirá nos próximos anos.

A partir do que vimos acima, é possível perceber que a assessoria de imprensa parece seguir viva – e bastante diversificada – como nunca, e ainda detém certo poder em moldar a imagem de uma marca, produto, serviço ou porta-voz. Para isso, acreditamos que é fundamental manter um bom relacionamento com a mídia e as audiências, por meio de uma comunicação constante e transparente, que pode fazer a diferença em momentos estratégicos como campanhas, divulgações pontuais e crises. O mesmo vale para as ações de *buzz* ou com influenciadores digitais: proximidade, comunicação clara e parceria, ainda que paga, facilitam o trabalho dos assessores na construção e na manutenção da reputação das marcas no mundo contemporâneo.

1.2 Assessoria e consultoria de comunicação

A atividade de assessoria ganha relevância também na área consultiva e estratégica, uma vez que tem atribuições que impactam diretamente os negócios das organizações. Um consultor de comunicação tem como principal trabalho mostrar o caminho estratégico para uma marca, apontando soluções, desafios e riscos para que ela possa crescer – e lucrar – cada vez mais. Para isso, a empresa deve ceder informações importantes para que seja possível uma análise e diagnóstico estratégicos visando identificar tanto os pontos fortes quanto as oportunidades, os riscos e os pontos fracos da marca.

Quando pensamos em consultoria, estamos falando de um suporte estratégico para:

- Produção de conteúdos de porta-vozes.
- Comunicação interna.
- Divulgação para a mídia.
- Formatos especiais (*branded content*, distribuidores de notícias).
- *Media trainings*.
- Gerenciamento de crises e cancelamentos.
- Programas de influência interna.
- Monitoramento de mídia.
- Organização de eventos.
- Redação de conteúdos com SEO.
- Relacionamento com influenciadores digitais.
- Relacionamento com comunidades, investidores, governos e outros públicos estratégicos.

Algumas necessidades podem levar uma marca à contratação de uma consultoria de comunicação, tais como:

- Reforçar os valores, a confiança e a cultura organizacional.
- Transformar colaboradores em embaixadores de marca.

- Aumentar a presença e a visibilidade da marca na imprensa e nas plataformas digitais.
- Mapear novos públicos e novas oportunidades estratégicas de comunicação.
- Fornecer treinamentos para lideranças e porta-vozes.
- Criar um planejamento estratégico de influência digital para a marca.
- Mensurar a *performance* de campanhas e ações.
- Gerar um diagnóstico comunicacional completo da marca, da concorrência e do mercado.

Por meio de sua experiência, o consultor ou consultora é capaz de identificar uma oportunidade ou um problema, apontando também as soluções, mas sem executá-las. Assim, o trabalho de consultoria parece estar claramente mais voltado para o diagnóstico e o aconselhamento estratégico, sendo necessário que outro profissional ou agência venha a operacionalizar os planos táticos sugeridos.

1.3 Estratégias

Precisamos desconstruir a ideia de que o trabalho de assessoria de imprensa seja pontual e de menor valor dentro das atividades de RP de comunicação. Muitos jornalistas e até mesmo publicitários (e profissionais do *marketing* e de outros campos além da comunicação) têm migrado para a área, que hoje concentra uma grande fatia econômica do mercado, principalmente devido ao trabalho com influenciadores e plataformas digitais. Uma atividade que cresce a cada ano, e que vem aumentando também em orçamento e escopo dentro dos planejamentos estratégicos de marcas de todos os segmentos e portes. Seja lidando com a imprensa ou com influência digital, os projetos que envolvem o trabalho de assessoria costumam ser de médio a longo prazo para desenvolver e manter atributos cada vez mais importantes para as empresas, como reputação, visibilidade e relacionamento, em uma economia da informação.

Algumas estratégias da atividade podem ser definidas como mais comuns, para além do *press release*, tais como:

1.3.1 *Branded content*

O também chamado "conteúdo de marca" é um tipo de material informativo de qualidade e relevância para o público-alvo de uma empresa, e pode ser operacionalizado em diversos formatos: matérias jornalísticas para veículos *on-line*, impressos, rádio, TV, podcasts e postagens nas plataformas digitais. No planejamento estratégico de RP, este tipo de conteúdo costuma entrar na fase final do plano, chamada de amplificação, para sustentar e encerrar as ações de uma campanha. O *branded content* é um tipo de informação paga e de tom educativo que mistura publicidade e, muitas vezes, até entretenimento. Cases como "Dove Retratos da Real Beleza"[5] e o jornal NYT na Netflix[6], para a série *Orange is the new black* são dois exemplos de conteúdos *branded* de sucesso que reverberaram bastante nas mídias tradicionais e digitais.

1.3.2 *Newsjacking*

Os marqueteiros chamam essa estratégia de *real time*, e ela consiste em se aproveitar do momento para promover a própria marca na imprensa ou nas plataformas da rede com um tema quente e atual. O termo é uma junção da palavra *news*, em inglês notícia; com *hijacking* (gerúndio do verbo *hijack*) que, em uma tradução livre, quer dizer "sequestrar". Isto é, a marca se apropria de um fato que está em destaque na opinião pública, no digital ou na mídia e constrói seu conteúdo de maneira a se destacar, se promover e se mostrar antenada e, muitas vezes, útil e informativa. Acaba roubando as atenções e gerando comentários positivos e engajamento na imprensa exatamente pelo caráter quente da notícia ou do fato em circulação e já com repercussão.

Um exemplo de *newsjacking* de sucesso é da organização de conservação global WWF, em sua filial na Alemanha, em agosto de 2023,

---

[5] Disponível em: https://www.youtube.com/watch?v=Il0nz0LHbcM&ab_channel=DoveBrasil.
[6] Disponível em: https://www.nytimes.com/paidpost/netflix/women-inmates-separate-but-not-equal.html.

quando do *buzz* em torno da troca da marca Twitter pelo X, se aproveitou da situação para falar sobre a proteção dos animais. O texto trazia a seguinte mensagem: "Proteja os animais, antes que seja tarde demais", em uma alusão clara à mudança do famoso passarinho do Twitter para o novo logo da plataforma, a letra X. A organização fez uma postagem no Instagram que mobilizou atenções e gerou repercussões positivas e *buzz*.

Figura 1.2 – Do passarinho ao X

Fonte: post do Instagram da @wwf_deutschland[7].

Em 2023, uma marca que se aproveitou do burburinho a respeito do rompimento da relação entre a atriz Larissa Manoela e seus pais foi o Burger King. Após toda a repercussão envolvendo os bens de Larissa e sua divisão entre ela e a família, a empresa de *fast food* se beneficiou da situação e produziu uma campanha[8] com a artista, oferecendo dois sanduíches pelo preço de um. Considerada por muitos como uma técnica estratégica, o *real time marketing* ou *newsjacking* é capaz de trazer atenção e cobertura midiática para uma marca, produto ou serviço de maneira orgânica, positiva e relevante.

O inventor do termo é David Meerman Scott, que tem um livro (sem tradução para o português), de 2011, de mesmo nome: *Newsjacking*:

---

7 Disponível em: https://www.instagram.com/p/CvfI7IvOSr-/.
8 Disponível em: https://www.youtube.com/watch?v=03y9bnCNAxY.

how to inject your ideas into a breaking news story and generate tons of media coverage (algo como "*Newsjacking*: como se apropriar de uma notícia quente e gerar toneladas de cobertura da mídia"). Segundo Scott, a vida útil de uma notícia[9] é curta. Portanto, se uma marca quiser tirar proveito disso, é preciso entender que, assim que ela começa a repercutir e ganhar a atenção das pessoas, é preciso que a organização a "sequestre". Dessa forma, os jornalistas vão querer mais informações; e o interesse e a empolgação do público vão crescendo até chegar a um pico. Depois, naturalmente, o conteúdo vai perdendo interesse e atratividade, e vai virando notícia velha até se dissipar por completo. É possível ver o ciclo de vida da notícia na imagem a seguir.

Figura 1.3 – Vida útil de uma notícia

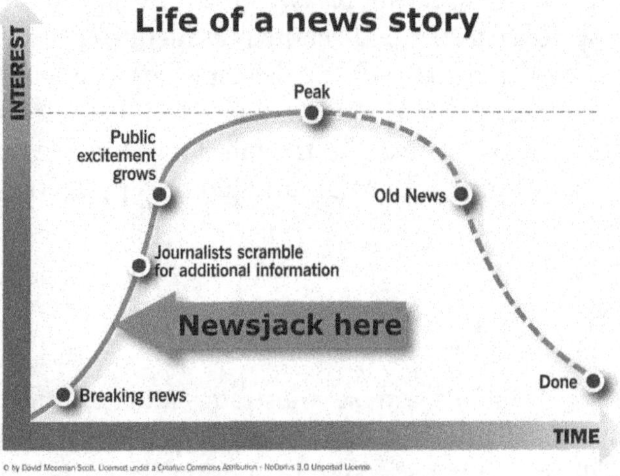

Fonte: David Meerman Scott.

Na prática, o *newsjacking* se caracteriza por:

- Encontrar notícias que sejam importantes e relacionadas à marca.
- Desenvolver uma estratégia em tempo real, preparando-se para respostas, interações, polêmicas e até crises.
- Lançar o conteúdo ao público-alvo.
- Avaliar os resultados.

---

9 Disponível em: https://www.newsjacking.com/what-is-newsjacking-newsjacking?hsCtaTracking=9c032988-3e0e-4427-80a7-47073fbd8332%7Cc506e229-95b1-409f-ae10-8929928bc256.

Um case de *newsjacking* na imprensa que destacamos é a notícia que contou com a colaboração da empresa russa de cibersegurança, Kaspersky, sobre o golpe do Pix, que afetou milhares de brasileiros em 2023. Na pauta para a revista Exame[10], especialistas da multinacional contavam, em tom educativo e informativo, detalhes da fraude com dicas para os leitores de como se proteger e evitar transferências fantasmas via Pix. Outro exemplo semelhante é da plataforma de *e-commerce* Nuvemshop, em matéria para o Olhar Digital[11], sobre vendas na Black Friday 2023. A publicação se antecipou à data e trouxe uma pesquisa inédita que revelava que o Instagram era a plataforma preferida para divulgação das PMEs (pequenas e médias empresas) brasileiras em um dos períodos de vendas mais importantes do ano para os varejistas.

Em ambos os casos, as empresas souberam se apropriar ou se antecipar a eventos *real time*, trazendo conteúdos inéditos para a mídia, com informações extremamente úteis e relevantes aos seus públicos-alvo e segmentos de atuação. Uma maneira bastante estratégica – para não dizer inteligente – não só para se trabalhar *awareness* de uma marca, mas também para construção e manutenção de reputação e autoridade de marca.

1.3.3 Pauta conjunta (pautão)

O famoso "pautão" tem se mostrado uma estratégia bastante presente no trabalho de RP, especialmente para as marcas menores (mas não exclusivamente a elas) em tempos de avalanche informativa e redações/espaços jornalísticos cada vez mais reduzidos. A ação consiste em juntar várias empresas, muitas vezes da mesma agência, numa mesma matéria e temática, que é oferecida a veículos do relacionamento de uma marca ou assessoria. O assunto deve ser relevante, de qualidade e, se possível, trazer uma diversidade de informações e fontes que se complementam e constroem uma narrativa conjunta e de peso para a imprensa e o público leitor. A pauta conjunta geralmente é entregue

---

10 Disponível em: https://exame.com/future-of-money/novo-golpe-pix-6-mil-vitimas-como-se-proteger/.

11 Disponível em: https://olhardigital.com.br/2023/10/18/pro/black-friday-2023-instagram-eh-o-favorito-para-divulgacoes-revela-pesquisa/.

pronta ao jornalista, trazendo dados, cases e fontes especialistas (no caso, porta-vozes das marcas) sobre determinado tema.

1.3.4 Distribuidoras de *press releases*

Estratégia de mídia paga que utiliza plataformas distribuidoras de *press releases* – como PR Newswire, Dino, etc. – para fazer o trabalho de divulgação de conteúdo para a imprensa. Tal estratégia garante a chegada das mensagens de uma marca a veículos de comunicação estratégicos, assim como a veiculação em *sites premium* e a distribuição de conteúdos multimídia com maior visibilidade que um disparo comum. É muito utilizada para amplificar e potencializar os resultados de divulgação de uma campanha voltada para a imprensa e ao público-alvo de uma organização. O uso recorrente dessas plataformas pode contribuir para a construção de autoridade de marca, *branding* e SEO, além de potencializar o ROI[12] dos esforços de assessoria de imprensa.

1.3.5 *User-generated content* ou conteúdo gerado pelo usuário (CGU)

Trata-se de conteúdos produzidos pelos usuários da rede e dispostos *on-line*, sejam nos seus perfis próprios ou em *blogs*, *sites*, locais de avaliações, de reclamações, entre outros. Eles podem ir desde textos, a fotos, vídeos ou áudios postados nos meios digitais. O termo surgiu em meados dos anos 2000 e, de lá pra cá, parece não perder a relevância e fazer cada vez mais parte das estratégias de divulgação de marcas de todos os tamanhos.

Em nossa visão, o CGU pode ajudar as organizações a obterem resultados positivos em ações como:

- Produzir um conteúdo legítimo, criado por terceiros que ajudam no endosso da marca, de seus produtos e serviços.

- Melhorar o *awareness* da marca.

---

[12] Sigla em inglês para *return on investment* (retorno sobre o investimento), uma métrica usada para medir a eficiência de uma estratégia ou ação.

- Atrair clientes e novos públicos.
- Colaborar na construção da imagem e reputação.
- Reduzir custos com campanhas onerosas.

Marcas como a GoPro[13] e a gigante da tecnologia, Apple, usam o conteúdo gerado pelos consumidores nas plataformas da rede. #Shotoniphone, por exemplo, incentiva donos de iPhone do mundo todo a tirarem fotos com seus aparelhos, usando a # (*hashtag*) para que tenham a chance de ver os seus conteúdos republicados no Instagram @apple. Em uma rápida e aleatória visita ao perfil oficial da empresa de Steve Jobs, é possível ver inúmeras postagens feitas pelos usuários com a #shotoniphone, conforme vemos a seguir, e com muitos deles agradecendo à marca pela publicação. Assim, ao mesmo tempo em que a Apple se apropria de imagens de qualidade para a divulgação de um dos seus mais importantes produtos hoje, consumidores de todas as partes do planeta colaboram com a *big techs* em tal tarefa, e de forma gratuita.

Figura 1.4 – Usuária tem imagem feita com iPhone repostada e agradece nos comentários à Apple

Fonte: Instagram da Apple[14].

---

13 Disponível em: https://www.instagram.com/gopro/?hl=en.
14 Disponível em: https://www.instagram.com/p/CuzdZ3sRmz9/?img_index=1.

1.3.6 *Bad PR* ou relações públicas negativas (ou às avessas)

Consideramos *bad PR* (ou relações públicas negativas) todo esforço planejado para gerar informações e conteúdos chamativos, não necessariamente positivos, e com vistas a gerar impacto e viralização nas mídias tradicionais e digitais. O objetivo é causar, estrategicamente, burburinho – polêmico e/ou negativo – em torno de uma organização, marca ou indivíduo, para alimentar a curiosidade das audiências com notícias, *memes* e muita mídia espontânea e orgânica.

Não consideramos – DE MANEIRA ALGUMA – o processo de *bad PR* ou RP negativas como algo viável e que permita uma construção saudável de marca, de sua imagem e de sua reputação nem em curto, nem em médio e, muito menos, em longo prazo. Ressaltamos, adicionalmente, que tais práticas são consideradas antiéticas e com o único objetivo de gerar visibilidade e *buzz* instantâneos. As práticas e processos de relações públicas não compactuam com esses direcionamentos de visibilidade "a qualquer custo". Feitas essas ponderações, destacamos que os casos abaixo mencionados tiveram repercussão pública e ampla, e por isso foram colocamos como exemplos. Ao sinalizá-los aqui, não significa que concordamos com a maneira como tais práticas foram realizadas; pelo contrário, fazem parte de um olhar crítico nosso a esse respeito.

Muitas marcas, celebridades ou pessoas públicas parecem se valer da estratégia de tentar gerar interesse pelo bizarro, pelo que é negativo ou por aquilo que é controverso no chamado "senso comum", para se destacarem em meio a tanta informação disponível. Por meio de conteúdos nas plataformas ou emitindo opiniões polêmicas em entrevistas, tais figuras procuram chamar a atenção para viralizar, gerando notícias, boca a boca e visibilidade, mesmo que negativa, em torno de si próprias.

No atual regime de hipervisibilidade que vivemos, quem não é visto – sobretudo nas mídias digitais – corre o risco de não ser lembrado ou de "passar batido" para as audiências. Portanto administrar a visibilidade midiática é uma atividade perseguida com afinco e estratégia por aqueles que vivem – ou querem viver – da própria imagem, ou por marcas, produtos ou serviços que querem ser notados, falados e comprados. Por "15 minutos de fama", como dizia Warhol, os adeptos do *bad PR* se valem de estratégias de disseminação de conteúdos negativos, sensacionalistas, "caça-cliques" ou até mesmo falsos com fins de obterem *buzz*, visibilidade e propagabilidade. Um vale tudo pelo "biscoito"[15], que retrata bem os tempos em que vivemos.

A marca de lâminas de barbear e depilar, Gillette, foi acusada de praticar *bad PR* quando lançou, em 2023, uma mascote nas plataformas em um formato inusitado: o de vagina. A rede culpou a empresa por transformar a genitália feminina em algo infantilizado e inadequado para o público infantil; foi também criticada por batizar o órgão genital – PPK da Claudia[16] – e pelas repercussões negativas que a associação poderia ter com quem tivesse esse nome. Por fim, a Gillette dividiu a *internet* e foi apontada como oportunista por lançar uma campanha com teor polêmico e de mau gosto. Houve até quem criticasse a falta de empatia com as mulheres trans, que poderiam se sentir ofendidas e não representadas por aquela ação. De qualquer modo, para a marca, o famoso "falem mal, mas falem de mim" gerou bastante discussão e repercussão, mesmo que negativa.

Figura 1.5 – A mascote @ppkdaclaudia, da marca Gillette

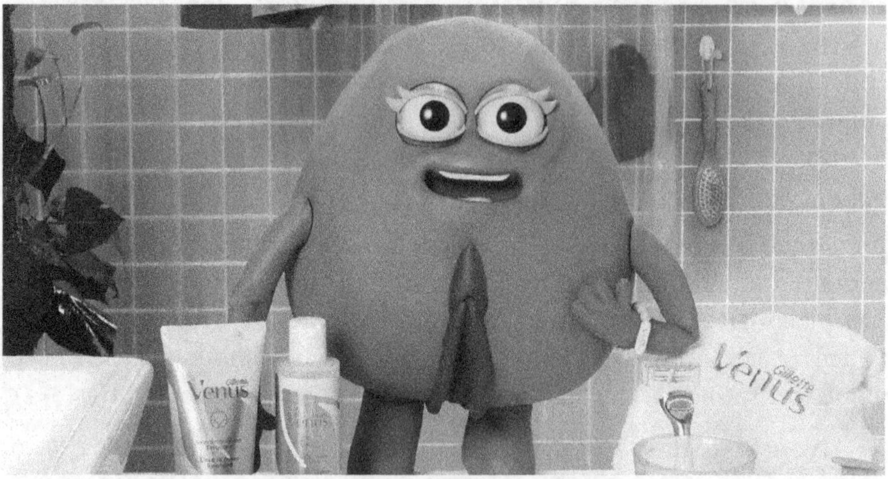

Fonte: Instagram @ppk.da.claudia.lovers[17].

---

15 Gíria das plataformas digitais que quer dizer "atenção" midiática.
16 PPK, ou pepeca, é uma das muitas maneiras brincalhonas de se nomear a genitália feminina.
17 Disponível em: https://www.instagram.com/ppk.da.claudia.lovers/.

A grife Balenciaga é outra empresa que está sempre nos holofotes das mídias clássicas e digitais por seus lançamentos polêmicos e, muitas vezes, "negativos". Estão na lista o tênis destruído[18], as bolsas de saco de lixo[19] e de saco de batata[20], os Crocs[21] caríssimos e a controvérsia envolvendo sexualização de crianças em uma de suas campanhas[22]. O que a Balenciaga conseguiu em todos os casos citados foi uma enorme repercussão midiática, muito *buzz* e *memes* nas redes, com graves acusações, inclusive de estimularem pornografia infantil, fato esse que obrigou a empresa a assumir a total responsabilidade[23] pela situação. A seguir, imagem modelo Paris Sneaker, que custava até R$ 10 mil.

Figura 1.6 – Modelo Paris Sneaker

Fonte: UOL[24].

---

18 Disponível em: https://valor.globo.com/empresas/noticia/2022/05/10/balenciaga-lanca-coleҫao-de-tenis-sujo-e-rasgado-por-r-10-mil.ghtml.

19 Disponível em: https://exame.com/casual/o-que-esta-por-tras-da-bolsa-saco-de-lixo-de-r-10-mil-da-balenciaga/.

20 Disponível em: https://www.today.com/food/trends/balenciaga-lays-potato-chip-handbag-rcna52099.

21 Disponível em: https://metropolitanafm.com.br/life-style/ostentou-gkay-e-flagrada-usando-sapato-crocs-da-balenciaga-avaliado-em-r5-mil.

22 Disponível em: https://www.bbc.com/portuguese/geral-63784960.

23 Disponível em: https://vogue.globo.com/moda/noticia/2022/11/em-comunicado-balenciaga-assume-total-responsabilidade-por-campanhas-publicitarias-com-criancas.ghtml.

24 Disponível em: https://www.uol.com.br/nossa/listas/balenciaga-veja-outras-pecas-polemicas-da-grife-alem-do-tenis-destruido.htm.

Todas as controvérsias envolvendo a casa espanhola fizeram com que ela perdesse posições no *ranking* das grifes mais influentes da moda, The Lyst Index. No último trimestre de 2022, a marca tinha saído do top 10, sendo que, no final de 2021, ela figurava em primeiro lugar. Será que vale tudo mesmo para estar "na boca do povo"?

Esses são apenas alguns exemplos de como tal estratégia pode ter um impacto negativo na imagem de uma empresa ou pessoa. É importante estar ciente dos riscos do *bad PR* e tomar medidas para evitá-lo. No fim das contas, é preciso avaliar e mensurar tais ações com cuidado, lembrando que reputação é algo construído a longo prazo, e o trabalho de RP de assessoria tem foco estratégico em ações positivas e que possam criar e manter uma imagem idem para marcas e pessoas.

1.3.7 Produção de conteúdos proprietários ou *brand publishing*

Não basta depender de terceiros para construir uma marca, é preciso apostar também em conteúdos proprietários, no trabalho contemporâneo de RP e assessoria. No ambiente digital, as organizações podem se transformar em produtoras de conteúdo para se destacarem. Isso significa produzir e disseminar informações de qualidade e relevantes que atraiam e engajem suas audiências, seja em *blogs*, *sites*, aplicativos ou plataformas digitais. A palavra *brand publisher* é uma expressão em inglês (*brand* é marca, e *publisher* é editor/publicador) que significa tornar-se seu próprio veículo de mídia, criando e distribuindo conteúdos diretamente para seus públicos de interesse.

Falaremos com mais detalhes sobre o tema no Capítulo 3, mas podemos afirmar que uma marca produtora de conteúdo pode ter como vantagens:

- Possibilidade de aumento da lembrança de marca.
- Oportunidade de construção de relacionamentos com clientes.
- Geração de *leads* (ou novos públicos).
- Conversão, para vender mais produtos e serviços.
- Educação de seus públicos de interesse.

Para se tornar uma criadora, as empresas precisam de:

- Relevância nos conteúdos que cria para seus públicos.
- Estratégia de promoção e distribuição de tais conteúdos nas plataformas e demais locais em que se encontra o seu público.
- Mensuração dos resultados para que haja acompanhamento e retroalimentação da estratégia como um todo.

Assim, ser uma marca produtora de conteúdo de qualidade e relevância significa ter estrutura para atuar como uma *publisher* com constância, posicionamentos claros sobre seu segmento e temas atuais; e, principalmente, se apropriar, estrategicamente, do caráter dialógico da rede. Para tal, é preciso fôlego para fazer isso bem feito e trabalhar atributos de comunicação essenciais, como autoridade e influência, como veremos mais adiante.

CAPÍTULO 2

CRISES E CANCELAMENTO DIGITAL

Um dos maiores desafios do trabalho de RP é a chamada gestão de crise. Quando a reputação de uma empresa ou influenciador é colocada à prova, traçar com agilidade um plano estratégico de comunicação para contingência e solução da crise é fundamental, e parte das rotinas de marcas, agências e consultorias. Um dos pontos principais deste trabalho é a prevenção, que nem sempre é possível, mas colabora na avaliação e gestão de riscos para crises que possam surgir em ações, campanhas, produtos, eventos etc. E um conceito atrelado à temática, que vem ganhando espaço nos últimos anos, é o cancelamento digital – de marcas, influenciadores ou pessoas comuns –, fomentado pela própria dinâmica das plataformas da rede e pelos usuários hiperconectados, hipervigilantes e com "sede de vingança". Um "novo tipo de crise" que vem ganhando força em uma sociedade cada vez mais digitalizada.

Este capítulo visa analisar e compreender o que é uma crise, suas principais características, como as marcas e os relações-públicas podem atuar na gestão de crises, assim como no cancelamento e em incidentes de reputação e imagem que envolvam a mídia e/ou influenciadores digitais.

2.1 Crises e suas principais características

Martha Gabriel[25] afirma que uma crise é qualquer situação que ameace causar danos a uma entidade, a qualquer um de seus *stakeholders* ou às audiências, de um modo geral. No nosso entendimento, quando falamos das organizações, qualquer perda, seja ela tangível ou intangível, pode ser considerada uma crise. Um incêndio em um galpão de uma fábrica é uma crise, um incidente em um restaurante no qual alguém foi lesado é uma crise, uma intercorrência fora do comum durante um voo também, e até uma manifestação de funcionários de uma empresa pode ser considerada crise quando falamos das marcas e do trabalho de relações públicas. E um consumidor – ou um grupo deles – insatisfeito, que começa nas redes um movimento de boicote a uma organização ou influenciador, pode representar uma grande perda de credibilidade e de reputação na mídia e na opinião pública. Assim, temos aí mais uma crise ou, ao menos, um acontecimento com potencial de causá-la. O principal produto da imprensa é a notícia, e hoje ela ainda responde por grande parte da agenda pública, mesmo após a consolidação da *internet*, das plataformas e dos influenciadores digitais. Com a imprensa tradicional competem os perfis de fofocas, as chamadas "bancas digitais" e outros agentes que se encarregam de noticiar fatos, situações e eventos envolvendo famosos, celebridades, influenciadores ou marcas, entre outros, que ganham visibilidade e notoriedade com as redes sociais.

Por tudo isso, impactar, afetar ou lesar o público de uma organização pode ocasionar uma crise, uma vez que ele hoje está municiado de espaço e de voz nas plataformas digitais e, por meio de sua atividade e da interatividade, pode gerar graves danos para as marcas. O consumidor não está mais sozinho, e se encontra atento e conectado, 24 horas por dia, 7 dias por semana. Nada se compara ao potencial de geração de crises que a *internet* trouxe, mas isso não significa que no passado não havia problemas. No entanto, o poder de reverberação, velocidade e alcance que os fatos ganham na rede hoje tende a ser muito mais forte e danoso. Crises que se iniciam em função de exposição e visibilidade digitais podem vir dos funcionários de uma companhia, de uma falha no atendimento ao cliente, de uma

---
25 Disponível em: https://www.martha.com.br/gestao-de-crises-em-midias-sociais/.

campanha que não previu reveses e vieses, de um conteúdo que não foi bem recebido e interpretado nas plataformas digitais, de alguma atitude da organização, de notícias falsas, boatos, desastres e rumores, ou ainda, por algum produto ou serviço falhos que acabam ganhando notoriedade na rede.

Por definição, as crises tendem a ser negativas, mas como aspectos "positivos" de tais incidentes na era digital estão:

- a possibilidade de monitoramento, mensuração e tomada de decisões em tempo real;
- o estreitamento do diálogo com as audiências; e
- a possibilidade de duração curta e passageira, devido aos dois pontos anteriores e à avalanche de informação na rede, que pode "abafar" determinado fato pelo surgimento de outros.

Como fatores que podem agravar ainda mais uma crise, podemos listar:

- a falta de voz da marca, pois quanto mais tempo se passar, mais vai aumentar o boca a boca negativo;
- a altíssima velocidade de propagação dos fatos e de danos à reputação nas plataformas digitais;
- a falta de visibilidade e de transparência com o público; e
- um plano de SEO e SEM[26] fracos, no qual a marca não é encontrada facilmente nas buscas da rede.

Entendemos que, em algum momento, uma organização vai certamente dizer ou fazer algo que pode gerar descontentamento ao público ou à opinião pública: por isso, é importante monitorar o que se diz de uma marca, produto e serviços o tempo todo (o famoso *social listening*) como forma de tentar se antecipar a eventos de crise. Diz-se que a *internet* pode até perdoar, mas nunca esquece, pois tudo que foi postado já foi provavelmente "printado" e poderá ser recuperado em uma crise futura. Daí a importância de um plano de contenção de crises

---

26 SEO (*search engine optimization*) é uma otimização dos mecanismos de busca por meio de técnicas para ranquear um site nos primeiros lugares do Google. Já o SEM (*search engine marketing*) visa posicionar o site nas páginas iniciais dos buscadores, mas de maneira paga.

bem planejado e executado. O "terror das RP", mas que toda marca potencialmente enfrentará um dia.

São inúmeros os casos de crises de marcas que reverberam frequentemente na imprensa e nas plataformas digitais, e alguns deles são clássicos no mundo da comunicação e das RP. No Brasil, em 2013, um consumidor acusou a Coca-Cola de vender uma garrafa de refrigerante com parte de um rato dentro. Ele afirmava que teria consumido a bebida e, a partir disso, desenvolvido uma síndrome rara que o deixou com limitações motoras irreversíveis. A crise foi massivamente explorada pela imprensa, e a marca, além de negar a acusação e buscar a justiça, que a inocentou tempos depois, deixou momentaneamente de lado suas campanhas publicitárias para colocar no ar comerciais que mostravam detalhes do seu rigoroso processo produtivo e de controle de qualidade.

Em outro caso clássico, de 2015, a Volkswagen foi denunciada por ter equipado milhares de carros com dispositivos que "maquiavam" as taxas de emissão de gases. A montadora alemã foi condenada a pagar uma multa de 30 milhões de dólares após a comprovação da denúncia e, com o escândalo mundial, suas ações despencaram na bolsa de valores. Para conter a crise, a empresa, erroneamente, julgou que um simples comunicado afirmando que alguns funcionários haviam errado seria o bastante. Isso agravou o problema, que só foi resolvido tempos depois, quando a marca firmou um compromisso de investimento de mais de 20 bilhões de dólares, até o ano de 2023, em projetos de pesquisa e desenvolvimento de motores elétricos.

Em 2021, a rede de *fast food* Burger King fez um tuíte controverso no Reino Unido, no Dia da Mulher, afirmando que "as mulheres pertencem à cozinha", o que indignou consumidores e a opinião pública. A ação visava chamar a atenção para a ausência de *chefs* mulheres, mas não foi bem recebida, viralizando negativamente mundo afora. Em mais postagens, a marca complementou: "Se elas quiserem, é claro. No entanto, apenas 20% dos *chefs* são mulheres. Nossa missão é mudar a proporção de gênero na indústria de restaurantes, capacitando as funcionárias com a oportunidade de seguir uma carreira". A repercussão negativa foi tanta que o resultado foi apenas um: o Burger King excluiu a publicação, admitindo o erro e pedindo desculpas ao público, com humildade.

Figura 2.1 – Tuíte do Burger King falava do lugar da mulher na cozinha

Fonte: perfil oficial do Burger King UK, no Twitter.

Em 2023, a presença da popstar americana Taylor Swift, com sua Eras Tour, gerou *frisson* nos fãs brasileiros, mas também inúmeras crises. No *show* no Rio de Janeiro, em novembro daquele ano, os fãs enfrentaram temperaturas altíssimas somadas a condições insalubres dentro do estádio Nilton Santos, local do concerto. Tapumes envolviam a área da pista e uma cobertura no chão com placas metálicas que, impactadas diretamente pela luz do sol escaldante carioca de um dos anos mais quentes do planeta, se transformaram em verdadeiras chapas quentes. Além disso, a organizadora do evento, a empresa Time for Fun (T4F), havia proibido que os participantes entrassem portando garrafas. O resultado foram diversas pessoas passando mal pelo calor, pela dificuldade de acesso à água e pelo tumulto em si, dada a quantidade de gente no local. E tudo, claro, devidamente visibilizado nas redes e na imprensa. Uma fã chegou a falecer em decorrência de uma parada cardiorrespiratória, o que fez com que a crise ganhasse proporções ainda mais gigantescas e mobilizasse a mídia mundial, a opinião pública e os usuários da *internet*. O que se sucedeu a partir daí foi:

- A cantora, tão conhecida pela sua proximidade e carinho com os fãs, escreveu uma suposta carta à mão lamentando o ocorrido, mas sem mencionar o nome da jovem que havia morrido, publicada em seus Stories do Instagram (que duram 24 horas apenas).
- A T4F só se pronunciou por meio de um vídeo[27] do seu CEO, Serafim Abreu, quase uma semana depois. Uma enorme demora em se posicionar como marca frente a um incidente de tamanha gravidade e com um caso de fatalidade.
- Em decorrência da tragédia, o Ministro da Justiça e Segurança Pública, Flávio Dino, mudou as normas de porte de água em espetáculos no país, permitindo a entrada com garrafas em material adequado. Também determinou que os produtores de *shows* com alta exposição ao calor terão a obrigação de disponibilizar água potável gratuita aos participantes.
- Paralelamente a tudo isso, a equipe da popstar foi acusada de tentar emplacar matérias positivas sobre a artista em veículos internacionais, em uma estratégia de "cortina de fumaça", buscando, de certo modo, abafar o que havia ocorrido no Brasil.
- Apenas antes do seu último *show* no Brasil (quase dez dias depois da morte da fã), na cidade de São Paulo, a cantora e sua equipe convidaram familiares da menina para o concerto e ofereceram ajuda e apoio. Tudo, em tempos de visibilidade midiática, devidamente registrado com imagens, após tamanha repercussão negativa para Taylor, não só no Brasil, mas mundo afora.

---

27 Disponível em: https://www.instagram.com/p/Cz_RJ9ouk0i/.

Figura 2.2 – Taylor Swift com familiares da fã morta no *show* da cantora no Rio (2023)

Fonte: Fã-clube da cantora Taylor Swift, UpdateSwiftBr[28], no X.

A percepção que foi gerada com o incidente foi de distanciamento da cantora em relação ao Brasil e a seus fãs, uma dissonância entre a organização do *show* e sua equipe, e uma tentativa de fazer com que os percalços (que foram muitos e não listados todos aqui) tivessem o menor dano possível na reputação de Taylor e na opinião pública internacional. Muitos acreditam[29] que faltou humanidade à artista ao lidar com uma crise e com a morte de alguém que estava em um de seus *shows* especialmente para vê-la. A reação considerada tardia da estrela e de sua equipe continuou reverberando com bastante polêmica nas redes e na mídia.

---

28 Disponível em: https://twitter.com/updateswiftbr/status/1728944578143871406.
29 Disponível em: https://billboard.com.br/faltou-humanidade-taylor-swift-e-o-gerenciamento-de-crise-dos-artistas/.

2.2 Gestão de crises

Para Wilson da Costa Bueno[30], uma crise é uma situação singular, vivenciada pelas organizações e que tem como consequência a instabilidade institucional. Isso porque impacta de maneira significativa a forma como a opinião pública e as audiências estratégicas percebem as marcas e suas respectivas reputações. Do ponto de vista da comunicação, uma crise demanda a implementação imediata de um sistema de gestão de crises para conter as turbulências, falatórios e repercussões negativas. Um processo complexo que se inicia pelo mapeamento, anterior ao fato acontecer, de tudo que é ou pode ser problemático para aquela organização. Nas organizações de médio a grande porte, sugere-se a criação de um comitê de crises com locais específicos de reunião (as "salas de guerra" ou de crise). Nesse comitê, devem estar os representantes com poder de decisão das áreas estratégicas da empresa, das envolvidas no problema e das que prestam suporte, como Comunicação, *Marketing*, Jurídico etc.

Recomenda-se, adicionalmente ao comitê, um manual de crises contendo dados importantes sobre a organização; mensagens-chave; lista de porta-vozes; contatos importantes, números de agências, assessorias ou consultorias a serem acionadas; procedimentos junto ao público interno; junto aos imersos na crise; formas de abordagem; termômetro de criticidade, modelos de posicionamentos reativos e consequentes protocolos a serem seguidos etc.

E para "se preparar" para uma crise previamente, é preciso:

- levantar todos os possíveis "telhados de vidro" de uma organização, produto ou campanha, mapeando todas as falhas que possam acontecer (a famosa avaliação de risco, ou *risk assessment*);
- identificar formadores de opinião e influenciadores/embaixadores de marca que possam colaborar na gestão da crise; e
- mapear quem, onde e o que se fala sobre a marca. Todo esse monitoramento deve ser constante e fazer parte do plano de crise, buscando tanto na imprensa quanto nas plataformas digitais

---

30 Disponível em: https://www.ufsm.br/app/uploads/sites/330/2019/10/DICION%C3%81RIO--EstratO-vers%C3%A3o-online.pdf.

possíveis focos do "incêndio" para criar soluções que passam, quase 100% das vezes, por um olhar humano, além do técnico.

O treinamento de porta-vozes, ou *media training*, também é parte importante desta preparação, e deve ser feito antes de qualquer problema acontecer para que estes representantes organizacionais saibam como lidar com a imprensa, com a opinião pública, com as equipes internas, e com as plataformas digitais. É preciso ainda estabelecer claramente o que podem abordar, de que maneira, em que timing, entre outros. De modo geral, um *media training* é uma atividade pela qual a área de comunicação ou uma agência/consultoria especializada prepara os porta-vozes de uma organização para lidar com a imprensa em momentos de entrevistas, crises, eventos etc. Capacitar os executivos que, normalmente, falam pelas marcas é uma ação estratégica que colabora na criação ou manutenção da reputação e também em situações delicadas ou de crise. Um bom porta-voz busca convencer, explicar e exemplificar uma narrativa estratégica, para qualquer tipo de público, seja ele interno ou externo.

O treinamento de porta-vozes contempla oficinas e palestras com tópicos importantes sobre o panorama da mídia, papel dos jornalistas, tendências, conceitos, *storytelling*, papel do porta-voz, mensagens-chave, comunicação eficaz, técnicas para controlar a mensagem, entre outros. Os exercícios podem trazer ainda orientação com a vestimenta, entonação, tipo de resposta, postura corporal e uma bateria de entrevistas 1:1 em diversos formatos (TV, rádio etc.) que funcionam como teste prático para os executivos. Após o *media training*, uma avaliação individual de cada porta-voz é feita e enviada ao lado de dicas gerais e *dos and don'ts* para falar em público sobre uma organização.

Um *social media training* faz tudo isso e ainda prepara os executivos para as plataformas digitais. Como se expressar em cada uma delas, como evitar conteúdos problemáticos e incompreensões, como mitigar ou evitar crises, como contornar situações adversas, entre vários outros pontos necessários para a comunicação assertiva e estratégica no âmbito digital. Não é possível se preparar para tudo que pode acontecer ou para todas as crises, mas o exercício de pensar em problemas e respostas pode ajudar bastante as marcas.

2.3 Gestão de crise e cancelamento digital

Crises digitais são bastante recorrentes e fazem parte das intercorrências de uma marca hoje, uma vez que o simples fato da presença corporativa no digital já suscita questionamentos, reclamações, críticas e contatos. Os principais estudiosos e especialistas no tema defendem uma gestão de riscos, isto é, que se faça um gerenciamento prévio das potenciais situações negativas envolvendo a organização de modo a evitá-las. A gestão de crises faz parte do escopo de atuação do profissional de comunicação e RP, e autores importantes – como Jones Machado, João José Forni, Patrícia Brito Teixeira e Rosângela Florczak – têm publicações relevantes acerca do tema.

Uma expressão que surgiu recentemente e ganhou força quando falamos da temática é a "cultura do cancelamento", que foi eleita a mais relevante pelo Dicionário Macquarie, no final do ano de 2019. A publicação a define como "um termo que captura um aspecto importante do estilo de vida desse ano. Uma atitude tão persuasiva que ganhou seu próprio nome e se tornou, para o bem ou para o mal, uma força poderosa" (Macquarie Dictionary, 2019).

Um cancelamento pode ser caracterizado pela tentativa de ajuste e punição de condutas consideradas inadequadas de uma marca, influenciador ou pessoa comum, com supostos erros e transgressões. Os canceladores são as audiências das redes e os cancelados só precisam dizer ou fazer algo considerado inapropriado para uma outra parte, para que o fenômeno tenha início no digital. Um dos problemas que giram em torno dos cancelamentos é que eles podem ser atemporais, isto é, o que alguém disse há tempos na rede pode, literalmente, ser ressuscitado por outro usuário e se transformar em uma onda de julgamentos, críticas e ofensas.

O próprio funcionamento das plataformas digitais propicia um comportamento hipervigilante, julgador e opressor por parte de seus usuários, e os termos "boicote" e "linchamento" cedem hoje lugar ao cancelamento digital. Cancelamos aquilo que não gostamos, não concordamos, não respeitamos. Há um grau de "condenação" em tais atitudes, mas há bastante juízo de valor, efemeridade, volatilidade e, por que não, polarização. O lado bastante negativo de um cancelamento é a sua pouca possibilidade de gerar consciência sobre o ato praticado e um genuíno arrependimento seguido de desculpas e ações propositivas em um ambiente como o digital que, em sua origem, pregava o compartilhamento, a união e a voz de todos.

Por ser algo bastante comum, há celebridades e pessoas públicas que vivem cancelamentos constantes e que já se habituaram a lidar com essas crises. Há, no entanto, pessoas comuns que podem pagar até com a própria vida por um cancelamento inverídico ou causado por *fake news*, como no caso de Fabiane Maria de Jesus. Em maio de 2014, a mulher foi vítima de uma notícia falsa que viralizou na rede. Ela teria sido confundida com uma suposta sequestradora de crianças que atuava com rituais de magia negra. A população decidiu linchá-la, e Fabiane não resistiu aos ferimentos. Uma verdadeira barbárie digital que, infelizmente, pode ter consequências devastadoras também no mundo real.

Apesar de ter como objetivo "punir" e levar o cancelado ao ostracismo, muitas vezes, o que ocorre é o oposto: a pessoa em questão acaba ganhando mais seguidores e mais visibilidade. Foi o que aconteceu quando o DJ Ivis, em 2021, condenado por agredir física e verbalmente sua então esposa, que teve seu caso exposto pela própria mulher nas plataformas digitais. Em pouco tempo, o artista havia ganhado centenas de milhares de novos seguidores[31]: de 736 mil, antes das agressões, para 953 mil fãs logo depois do caso vir a público. Há quem explique tal fato pela curiosidade das pessoas em acompanhar tais casos e pelo alto potencial de reverberação e viralização do conteúdo negativo ou do chamado "mundo cão". No entanto, entendemos que "dar palco" a tais acontecimentos só colabora para que eles ganhem mais visibilidade nas plataformas, dando mais notoriedade ao caso em detrimento a outros conteúdos de maior valor informativo, por exemplo.

Vale destacar que há situações que não são, de fato, cancelamentos, e sim crimes, como as agressões relatadas acima. Outros casos, porém, se configuram como deslizes, polêmicas ou falas inadequadas que podem ser geridas, desde que aquele ator social reconheça o que fez e esteja predisposto a melhorar ou solucionar aquele problema. Para tais situações, recomendamos um processo de gestão do cancelamento, conforme a figura a seguir.

---

31 Disponível em: https://f5.folha.uol.com.br/celebridades/2021/07/dj-ivis-ganha-mais-de-250-mil-seguidores-apos-acusacoes-de-agressao-a-ex.shtml.

CAPÍTULO 2
CRISES E CANCELAMENTO DIGITAL

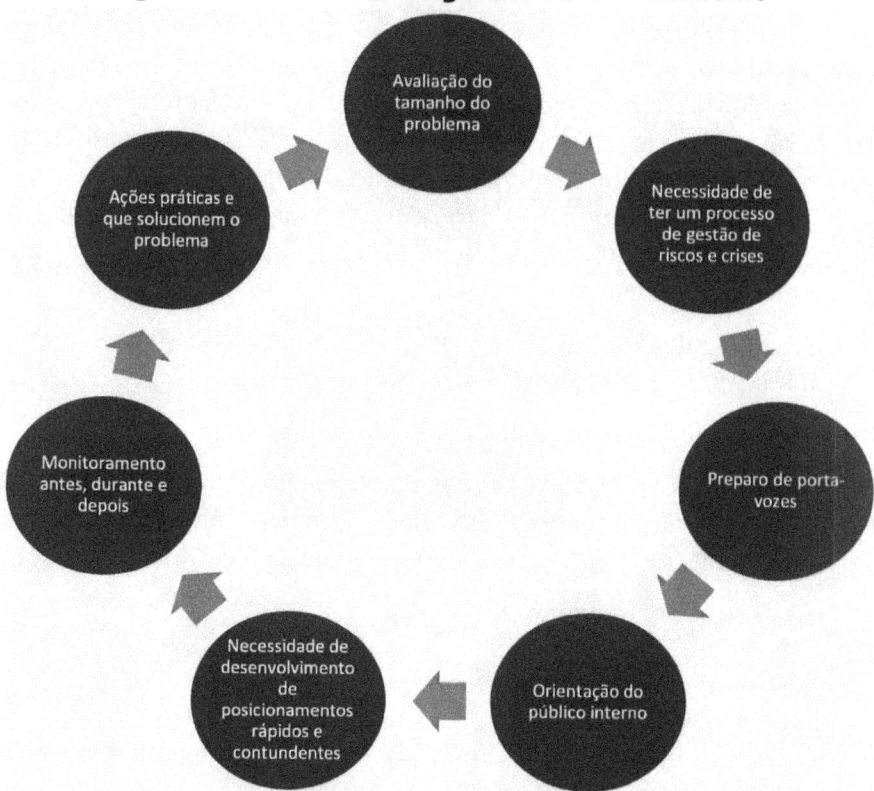

Figura 2.3 – Processo de gestão do cancelamento

- Avaliação do tamanho do problema
- Necessidade de ter um processo de gestão de riscos e crises
- Preparo de porta-vozes
- Orientação do público interno
- Necessidade de desenvolvimento de posicionamentos rápidos e contundentes
- Monitoramento antes, durante e depois
- Ações práticas e que solucionem o problema

Fonte: elaborado pelos autores.

A gestão do cancelamento digital se assemelha bastante à de uma crise tradicional, mas com enfoque nas ambiências da rede que são hoje o principal local de reverberação dos problemas de reputação de marcas e influenciadores digitais. Por isso, criamos este modelo, no qual a primeira grande ação a se tomar é avaliar o tamanho do problema, seu alcance, gravidade e públicos atingidos. E o monitoramento constante nas mídias digitais é a chave para que tudo isso aconteça. Se o influenciador ou a empresa tiver um processo de gestão de riscos e crises, basta acioná-lo para que as etapas comecem a se desenvolver.

Preparar quem vai falar com a imprensa ou com o público nas plataformas digitais, e o que vai ser dito e como, é crucial para acalmar os ânimos e dar um posicionamento acerca do que houve e do que será feito. Em casos de empresas, orientar o público interno também se faz necessário: eles podem se pronunciar a respeito? Se sim, o que podem dizer? Não devem se pronunciar? A quem endereçar as reclamações e manifestações? Tais questões são extremamente importantes para que o funcionário não fique sabendo do problema pela mídia ou por terceiros, seja pego de surpresa numa reportagem, por exemplo, ou fale algo que não devia nas plataformas digitais. Em paralelo a tais etapas, o desenvolvimento de posicionamentos, comunicados, postagens estratégicas, e a frequência com que isso deve ocorrer e ser mensurado se fazem determinantes para que a opinião pública ou as audiências envolvidas se sintam reconhecidas e informadas.

Quando falamos da gestão de crises no digital, quatro pontos são importantes:

- agilidade e transparência em se posicionar;
- responder ao público na mesma plataforma em que o incidente se originou (respostas individuais devem ser, preferencialmente, privadas);
- não apagar comentários; e
- retratação, quando não há o que ser feito.

Durante todo o processo – crise ou cancelamento ocorridos, gestão do problema e operação e recuperação –, frisamos novamente que o monitoramento das mídias tradicionais e digitais tem que acontecer 24/7. Pois só a partir de tais dados que será possível determinar quando tudo começou, com que tamanho, com quais estragos e como se recuperar. Além disso, traçar um plano de recomposição para a imagem e reputação da organização, celebridade ou pessoa pública após a gestão da crise é fundamental. E, para que haja o "perdão" por parte dos públicos externos ou dos canceladores, é preciso que o cancelado tenha ações propositivas para que aquilo não volte a acontecer, a famosa *walk the talk*, ou seja: agir de acordo com o que se fala. A recorrência ou a reincidência de crises e polêmicas pode ser bastante prejudicial a médio e longo prazos para a construção e manutenção de imagem e reputação de um agente público – seja ele individual ou coletivo.

2.4 Crises envolvendo influenciadores digitais

A importância da influência digital e sua utilização como estratégia de comunicação e de relacionamento por parte das marcas são inegáveis, e falaremos mais sobre o tema no Capítulo 3. Mas no Brasil, vários relatórios mostram que nós consumimos muito a partir das indicações dos influenciadores digitais: levamos em consideração aquilo que eles falam, recomendam, endossam ou até mesmo criticam. Da mesma forma, quando um deles se envolve em um problema, polêmica, escândalo e afins, a marca ou as marcas que estão ou estiveram ao seu lado sofrem também impactos negativos. As audiências, com frequência, cobram posicionamentos das empresas em relação ao que o influenciador fez, disse ou presenciou.

Em 2023, quando o *podcaster* Monark[32] fez comentários racistas em seu programa, o Flow Podcast, a empresa viu os patrocinadores saírem um a um e ainda se posicionarem de maneira contrária ao influenciador. O mesmo aconteceu com Gabriela Pugliesi[33], atualmente Gabriela Morais, em diversas ocasiões em que se envolveu em situações polêmicas que comprometeram sua credibilidade e suas parcerias com as marcas. Ou com o influenciador Júlio Cocielo, com postagens infelizes e também racistas na Copa de 2018[34]. E quando a marca de chocolates Bis contratou o influenciador digital Felipe Neto para uma ação, apoiadores da direita política tentaram um movimento de boicote ao produto, usando a #BisNuncaMais[35]. Felipe se mostrou, durante a campanha presidencial de 2022, um forte opositor ao ex-presidente Jair Bolsonaro, bastante apoiado pelos simpatizantes de direita. O resultado

---

32 Disponível em: https://exame.com/pop/fala-de-monark-sobre-nazismo-causou-prejuizo-milionario-ao-flow-veja-valor/.

33 Disponível em: https://www.metropoles.com/vida-e-estilo/comportamento/caso-gabriela-pugliesi-mudara-foco-de-influencers-diz-psicologa.

34 Disponível em: https://g1.globo.com/economia/midia-e-marketing/noticia/marcas-anunciam-retirada-de-campanhas-com-julio-cocielo-apos-comentario-sobre-mbappe.ghtml.

35 Disponível em: https://www.cnnbrasil.com.br/nacional/campanha-de-felipe-neto-para-bis-se-torna-disputa-politica-nas-redes-sociais/.

foi um burburinho negativo imenso em torno da marca Bis e do influenciador, motivado pelo ódio e pela polarização política da época.

Figura 2.4 – Felipe Neto e a parceria com Bis deram o que falar em 2022

Fonte: Instagram @felipeneto[36].

Ao contratar ou fazer uma parceria com um influenciador digital, a marca (e/ou a agência, assessoria ou consultoria) precisa ter em mente que os valores entre ambos devem estar 100% alinhados. Outra necessidade é que os públicos de interesse também sejam um campo comum tanto para a organização quanto para o *creator*. Preocupar-se com a linguagem, formato, abordagem, transparência, histórico de crises e parcerias dos contratados são condições fundamentais para se firmar um acordo estratégico com esses atores sociais que, afinal, estão representando ou falando em nome da marca contratante. Influenciadores podem – e devem – ser considerados uma marca, e sua reputação, muito além dos números de engajamento e alcance, têm um papel fundamental quando eles se unem a uma outra marca, seja para uma ação orgânica

---

36 Disponível em: https://www.dci.com.br/dci-mais/celebridades/o-que-aconteceu-com-felipe-neto-e-o-bis-entenda-a-polemica/307973/.

ou paga. Para se aprofundar no tema, recomendamos um artigo[37] da pesquisadora, Issaaf Karhawi.

Crises, sejam elas quais forem, podem ser também oportunidades para marcas e influenciadores se reinventarem e reavaliarem suas ações, campanhas, produtos ou serviços. Em um mundo cada vez mais digital e tão impermanente, tudo muda o tempo todo, junto da passagem do tempo e das transformações sociais e culturais de cada época. Valores, discursos e até mesmo propósitos também se transformam, e as marcas devem acompanhar tais mudanças, se adequando e reajustando suas rotas quando necessário e quando for também positivo para o negócio. E cabe a nós, profissionais de comunicação e RP, colaborar ativamente nesses processos como agentes de mudança, seja com o planejamento estratégico de cada dia ou com a gestão de crises e cancelamentos, que vão seguir acontecendo e, infelizmente, estão fora do nosso controle. Sempre visando uma atividade transparente, ética, com um olhar humano e que faça sentido não só para as organizações e seus públicos, mas também para a sociedade e para os tempos atuais.

---

37 Disponível em: https://www.revistas.usp.br/organicom/article/view/172213/173970.

CAPÍTULO 3

MARCAS INFLUENCIADORAS, INFLUÊNCIA CORPORATIVA DIGITAL E ECONOMIA DOS CRIADORES

A influência digital é uma temática que vem mobilizando atenções e investimentos tanto no mercado quanto na academia há algum tempo. Podemos considerar que ela é um conceito que vem evoluindo com a sofisticação do comportamento dos usuários de *internet*, com o surgimento de novas tecnologias e novas plataformas – tais como TikTok, ClubHouse, Threads etc. – e com as demandas das audiências por tipos, formatos e perfis de influenciadores diversos.

As organizações – além de se utilizarem do *marketing* de influência se relacionando com *creators* – também passaram a apostar em conteúdo gerado pelo consumidor, embaixadores e fãs de marcas, funcionários, clientes e em conteúdo proprietário para se tornarem *brandpublishers* ou marcas influenciadoras digitais, o que requer estratégia, tempo, investimento e presença maciça nos meios digitais.

Este capítulo visa entender o que é influência organizacional digital; como as marcas podem atuar como influenciadoras; por que funcionários podem se tornar influenciadores internos (assim como seus benefícios e riscos) em estratégias de *employer branding*; assim como as lideranças corporativas agindo também como influenciadoras. Por fim, vamos tentar compreender como a economia da influência se estendeu à *creator economy*, e vem crescendo a cada ano.

3.1 *Brandcasters:* as marcas influenciadoras digitais

Como ponto de partida, vale dizer que presumimos três grandes cenários organizacionais e comunicacionais da sociedade: *broadcast*, *socialcast* e *brandcast*. Por *broadcast* (do inglês, transmitir), entendemos as organizações de mídia que transmitem informações, conteúdos e entretenimentos para grandes audiências por meios de massa como televisão, rádio, jornais, revistas e afins. Um modelo com poucos emissores de conteúdo para muitos receptores. Já o *socialcast* surge quando aparecem as mídias digitais e a possibilidade das pessoas se relacionarem entre si por meio de ferramentas colaborativas como *blogs, fotologs* e *vlogs*, e as primeiras redes sociais, em meados dos anos 2000. É nesse contexto que surgem os primeiros influenciadores, à época chamados de formadores de opinião *on-line*, blogueiros, *youtubers, vloggers*, entre outros. Por volta de 2015 é que tal grupo começa a se autodenominar influenciadores digitais e, mais recentemente, desde 2021, vemos mais uma nomenclatura: *creators* (ou criadores de conteúdo).

Programas de sucesso mundial de grandes redes, por exemplo, acolhem há algum tempo votações do público pelas plataformas digitais, como o The Voice e o MasterChef; telejornais recebem informações e participações dos espectadores por meio de *hashtags* e mídias sociais; rádios e ouvintes colaboram mutuamente via WhatsApp e aplicativos próprios; entre outros. Com a hiperdigitalização de tudo, mesmo a mídia dita clássica (TV, rádio, jornais, revistas etc.) incorporou elementos da comunicação digital interativa para engajar e convocar a audiência a participar de seus produtos, alcançando não só diversos meios e formatos, mas também novos públicos.

O cenário que envolve o *brandcast* seria a oportunidade que as organizações têm de produzir e distribuir conteúdo, seja em mídias próprias, tais como *blogs, sites* e aplicativos, como também nas plataformas digitais. Do inglês, a tradução simples seria: transmissão de marca, e outro termo que entendemos ter consonância com o *brandcast* é o *brandpublisher*, que explicaremos melhor a seguir. Com as mídias digitais em constante desenvolvimento e evolução, as organizações perceberam que podiam, também, se portar como veículos de mídia, ou seja, como *brandpublishers*. Dessa forma, desenvolveram a capacidade de produção de conteúdos e disseminação tanto em canais próprios quanto em mídias digitais (Facebook, Instagram, X, LinkedIn, TikTok etc.). Além de se tornarem potências de criação e produção de conteúdos originais, as marcas com tal capacidade também entenderam que precisavam delinear estratégias de relacionamento com seus públicos de interesse: desde os internos, passando por clientes e consumidores, mas também, vislumbrando influenciadores, formadores de opinião, mídia, comunidade, governo e mesmo detratores e grupos de pressão. O conceito de marca influenciadora digital foi criado por Carolina Terra em 2021, e contempla uma metodologia – REATIVA[38] – para se mensurar e alcançar tal posição.

Uma marca, para ser influenciadora, não precisa estar restrita à produção de conteúdos próprios. Pode, também, fazer uso de estratégias de comunicação nas mídias clássicas, de relacionamento com a imprensa, com influenciadores, com consumidores, com funcionários e com outros públicos ou audiências que lhe interessar. Fato é que uma organização de destaque acaba por fazer uso de estratégias de *broadcast*, *socialcast* e *brandcast* mescladas. Em tal contexto, as marcas acabam encontrando espaço para atuarem como plataformas aglutinadoras de interesses comuns das pessoas, baseando-se naquele setor/segmento em que atuam, servindo, inclusive, como fonte de confiança, referência e conteúdo de determinada temática. Assim, elas podem se apropriar de modelos consagrados e usados no *socialcast*, não dependendo exclusivamente destes, mas também, transformando seus canais próprios em verdadeiros veículos de informação, engajamento e comunicação.

Consideramos, a título de ilustração e exemplo, o Magazine Luiza como uma importante marca influenciadora digital brasileira: ela produz conteúdo próprio em suas mídias (*sites*, *blogs*, perfis

---

38 *R* significa relacionamento e reconhecimento; *E* diz respeito ao engajamento e entretenimento; *A* se refere a autenticidade e ação; *T* é transparência; *I* é interação; e o último *A* versa sobre avaliação. A metodologia e o racional para entendê-la pode ser visto em: TERRA, C. F. Marcas influenciadoras digitais. São Caetano do Sul: Difusão.

nas plataformas); dispõe de uma influenciadora virtual que levanta "bandeiras" e causas para a marca, mas também se relaciona com os clientes, tira dúvidas, responde perguntas; tem na figura de sua presidente do Conselho de Administração, Luiza Trajano, uma liderança influenciadora, assim como estimula seus funcionários – sobretudo os de loja – a se comunicarem nas redes com vistas a aumentar as vendas e estimular os consumidores a comprarem ainda mais. A marca também patrocina eventos, programas da mídia tradicional e tem estratégias para que pequenos comércios se utilizem da força de sua plataforma para conseguirem vender por todo o país. A partir disso, pensamos que a empresa faz um uso completo e complexo dos recursos comunicacionais à sua disposição, sendo, portanto, o que compreendemos como uma marca influenciadora digital.

As *brandscasters* criam pautas e fazem seus próprios veículos de mídia que vão "falar diretamente" com seus públicos, elaborando, discursivamente, um conteúdo desintermediado no digital. Elas exercem o papel de municiar o público com informações e influenciar a formação de uma opinião favorável aos seus interesses institucionais e/ou comerciais. A empresa brasileira de investimentos XP e o banco digital, Nubank são mais dois exemplos do tema. Ambos utilizam o modo como se comunicam com fins de geração de boca a boca espontâneo e influência para si e seus públicos. O Nubank tem o blog "Fala, Nubank"[39], com conteúdos customizados sobre finanças ou sobre sua marca, mas sempre de interesse de suas audiências e do mercado em que atua. Já a XP afirma, por meio de um de seus fundadores, que tem como objetivo investir em comunicação para permitir mais acesso à informação sobre educação financeira, buscando se reinventar e abrir diálogos, falando e ouvindo a audiência em uma pluralidade de canais, linguagens e formatos. Seu projeto Expert XP, antes exclusivo para o mercado financeiro, cria debates virtuais por meio de dezenas de painéis que contam com a presença de convidados internacionais e especialistas, atingindo milhões de pessoas pelo digital e amplificando o acesso ao seu site, especialmente de não clientes interessados nos temas selecionados e disponibilizados pela organização. Uma estratégia de captação e fidelização de públicos por meio de conteúdo útil, relevante e de qualidade, e em canais proprietários.

---

39 Disponível em: https://blog.nubank.com.br/.

Figura 3.1 – Blog Fala, Nubank

Fonte: https://blog.nubank.com.br/.

Em um contexto de hiperconexão e influência, acreditamos que faz total sentido uma organização se tornar hoje uma produtora de conteúdo, assim como os influenciadores digitais, que, se pensarmos bem, acabam se tornando também uma marca. Os públicos têm expectativas em torno das empresas para que elas os informem e resolvam oportunamente questões e problemas não solucionados por governos e instituições tradicionais. Isso ficou bastante claro durante a pandemia da COVID-19, com o que chamamos anteriormente de social brands[40], e com os protestos #blacklivesmatter, no qual marcas como Nike, Netflix, HBO, Citigroup e Starbucks levantaram bandeiras para causas sociais, escolhendo lados e também influenciando o debate de temas importantes na sociedade. Assim, parece-nos que há cada vez mais oportunidades para que as organizações se posicionem em seus setores de atuação – ou fora deles, mas com relevância e assertividade – com voz ativa e legitimidade, por meio de conteúdo original e útil para as audiências.

Tudo isso transposto para o digital, lugar em que as marcas têm a chance de se relacionar com seus públicos de modo direto, expondo seus pontos de vista como fontes de referência e influência em seus segmentos. Ser uma *brandcaster*, então, significa ter estrutura para atuar como uma *publisher* de conteúdo relevante, ser uma organização com posicionamentos claros sobre causas sociais e temais atuais e, principalmente,

---

[40] De modo geral, são marcas que investem em posicionamentos sobre causas sociais relevantes para seu setor e para a sociedade, comunicando e informando o público para além da venda de produtos e serviços.

compreender o caráter dialógico das redes com fôlego para influenciar, produzir informação de qualidade e fazer tudo isso muito bem feito.

3.2 Influenciadores internos, *employer branding* e *C-level influencers*

A autenticidade é um ativo extremamente valorizado pelos usuários e audiências da rede. Como ser autêntico sendo autopromotor? Ou se vangloriando na rede? Os recursos da publicidade convencional há muito são questionados e desacreditados. Por isso, muitas organizações entenderam que seu público interno pode falar acerca da marca sem serem tidos como "chapa branca" ou irrelevantes.

Outro ponto a se destacar é que o funcionário, assim como qualquer outro público, é um usuário conectado às redes digitais, faz postagens, entra nas *trends*, consome *memes*, e se relaciona de uma maneira geral. Por que não aproveitá-los como parte da estratégia de comunicação das empresas? Além de soarem mais autênticos que as próprias marcas ou outros influenciadores digitais, eles são capazes de dar seu toque pessoal a mensagens-chave importantes e que poderiam ser muito corporativas, se estivessem apenas nos perfis institucionais ou disseminadas por terceiros.

Os influenciadores internos podem ter duas finalidades principais:

- servir de canais de comunicação, relacionamento e influência para o público interno; ou
- ser parte da estratégia de comunicação externa da organização.

Quando designados para influência interna, tais figuras acabam por ser um grupo de testes da organização com relação a campanhas, mensagens, atividades etc. Também podem exercer a função de replicar conteúdos para estimular suas equipes, áreas ou regiões. Quando selecionados para colaborar na reputação externa das organizações, acabam por representá-la em campanhas de recrutamento, de comunicação e de posicionamento de marca, em sua maioria no LinkedIn. Têm a missão de chamar a atenção para o que acontece nos bastidores da empresa e ajudar a "vender" uma imagem positiva para os públicos externos, a partir de sua vivência interna e de sua *expertise* naquela organização.

Em ambos os casos, o ideal é que programas de influência interna sejam estruturados e pensados em termos de funcionamento, reconhecimento, benefícios, vantagens e até de remuneração. Usar estrategicamente o funcionário conectado como influenciador interno pode trazer benefícios tanto para ele quanto para a empresa, mas também pode representar riscos. E por isso acreditamos que é uma estratégia que deve ser planejada, mensurada e ajustada, como qualquer ação de comunicação digital. As desvantagens podem girar em torno do não controle da organização sobre o que o funcionário pode fazer, dizer, representar. Também pode ser um risco em termos de informações estratégicas ou confidenciais. Se ficar muito atrelado à marca e for desligado da companhia para ir para uma concorrente, por exemplo, pode ser difícil desassociá-lo. Se sair em uma situação delicada pode se tornar um detrator da empresa, objetivo esse que seria o contrário do desejado pela organização.

A varejista de moda Riachuelo mantém grupos de funcionários influenciadores denominados RCHLOVERS. São empregados de várias áreas, regiões e níveis hierárquicos que têm o objetivo de divulgar conteúdos com base na estratégia de cultura e marca empregadora. Os influenciadores internos são utilizados tanto na construção de marca empregadora para o público externo, quanto no engajamento do público interno. A Pepsico é outra empresa que faz uso estratégico de seus estagiários como embaixadores da marca: são os Pepfluencers, que têm como missão captar outros talentos para a companhia. Netflix, com seu We are Netflix[41], no X, Amazon, com o *Amazon VestLife*[42], no Instagram, e outras grandes marcas também utilizam seu público interno como vitrine e "isca" para novos funcionários e uma boa reputação como empregadoras na rede.

Por tudo isso, percebemos a importância de manter os empregados das organizações sempre motivados, uma vez que estão na linha de frente das marcas, materializando e apoiando (ou não) suas diferenças e atributos pela rede. O chamado *employer branding*, ou a reputação da marca empregadora, consiste em estar hoje ao lado do empoderamento dos colaboradores, que são capazes de influenciar – de maneira positiva

---

41 Disponível em: https://twitter.com/WeAreNetflix.
42 Disponível em: https://www.instagram.com/amazonvestlife/?hl=en.

ou negativa – não só os públicos de uma organização, mas também a sociedade em função de estarem hiperconectados e munidos de autoridade e fácil acesso ao digital.

A estratégia de *employer branding* confirma que o fato de a empresa ser reconhecida como uma boa empregadora interfere favoravelmente em sua reputação frente às audiências e na percepção sobre sua marca e seu valor de mercado. E o contrário também parece ser verdade, ou seja, crises de imagem ou reputação podem ser geradas hoje por colaboradores insatisfeitos ou mal preparados, afetando a organização como um todo. Um colaborador é atualmente um potencial produtor de informações acerca de onde trabalha e deve ser estimulado e incentivado além da política de salários, sendo também preparado adequadamente sobre limites, fronteiras e como pode ser a linha de frente da influência de uma organização, marca, produto ou serviço na rede.

Toda ação tem seus benefícios e riscos e, por isso, precisa ser planejada de maneira estratégica e confluente com os objetivos de negócio da organização, e de como quer ser vista e reconhecida tanto interna, quanto externamente. Dentro do trabalho de *employer branding* e do grupo de funcionários que podem ser considerados influenciadores internos, destacam-se as lideranças, sobretudo no nível de alta gestão – os *C-level influencers*.

Como figuras naturalmente de destaque, reconhecimento e prestígio nas organizações e em seus mercados de atuação, a alta gestão, quando se propõe a representar a marca (não apenas nos fóruns internos ou junto a públicos extremamente específicos, como investidores, instituições financeiras, associações de negócios, entre outros) nas mídias digitais precisa de uma estratégia clara, um direcional narrativo e definições específicas sobre o conteúdo para colaborar nesta tarefa. Sobre o que esse agente pode falar a respeito da organização? Com qual tom de voz? Com qual linguagem? Com qual diferencial? Ter diretrizes ou políticas de comunicação sobre a atuação, tanto dos funcionários de todos os níveis, quanto do alto escalão, é uma forma de minimizar eventuais problemas decorrentes da expressão de tais figuras, que representam as organizações.

Executivos como Alexandre Costa (CEO da Cacau *Show* – Figura 3.1), Caíto Maia (CEO da Chilli Beans), Cristina Junqueira (VP do Nubank), Karla Marques Felmanas (VP da Cimed), Luiza Trajano (presidente do Conselho de Administração do Magazine Luiza), entre outros, utilizam seus perfis nas mídias digitais para falar sobre temas como carreira, trabalho, empresa e até mesmo da vida pessoal. No entanto, acabam por se tornar os rostos das empresas que representam e nas quais trabalham. Quaisquer comentários, atos ou falas problemáticas podem representar cancelamentos não apenas pessoais, como também corporativos. Foi o caso de Cristina Junqueira, do Nubank, com uma fala no programa Roda Viva, da TV Cultura, em que deixou a entender que a contratação de pessoas negras pelo banco era difícil, pois não se podia "nivelar por baixo" nos processos de recrutamento e seleção[43]. Após a infelicidade, tanto a executiva quanto o banco foram massivamente cancelados na rede. Tal situação implicou um gerenciamento de crises por parte do Nubank e uma série de ações propositivas para colaborar com a entrada de talentos negros no quadro de funcionários o banco.

Figura 3.2 – Perfil do CEO da Cacau *Show*, Alê Costa

Fonte: https://www.instagram.com/alecacaushow/.

Os benefícios desse formato de comunicação se estendem, a nosso ver, a, por exemplo: incentivar e empoderar o público interno para atuar

---

43 Disponível em: https://www.youtube.com/watch?v=b5gXW08wlLE&ab_channel=RodaViva.

como motor de divulgação de assuntos de interesse da empresa; e não correr o risco de os funcionários tomarem ciência das novidades e acontecimentos da empresa pela imprensa ou por outros meios e, sim, pela própria organização ou colegas embaixadores. Como ponto de atenção, destacamos que é preciso ter o cuidado de responder às demandas dos funcionários que venham oriundas de interações com os influenciadores internos; não trabalhar assuntos polêmicos, delicados e/ou confidenciais por meio de tal formato; utilizar formatos e ferramentas de interesse dos respectivos públicos, pensando também em conteúdos prestadores de serviço e positivos para todas as partes.

Em um mundo de estados impermanentes, trabalho híbrido e crises, a comunicação interna tem o desafio de se reinventar e de ser mais atrativa, com estratégias e formatos mais alinhados aos novos tempos e às tecnologias apropriadas pelos públicos. E quanto mais positiva for a imagem do funcionário sobre a empresa, maiores as chances de a companhia ter sucesso numa estratégia de *employer branding* por exemplo, retroalimentando o fluxo de influência e reputação entre marca e funcionário, o que vai também reverberar diretamente na percepção do mercado e das audiências sobre sua reputação como marca empregadora.

3.3 Influenciadores virtuais

Projeções do estudo Digital Human Avatar Market, da Emergen Research (2023), demonstram que o mercado de avatares ou influenciadores virtuais, até 2030, pode movimentar cerca de US$ 500 bilhões de dólares. Consideramos a influência virtual como um subtipo da influência digital, com figuras geradas por computador e tecnologia de ponta que têm as características, tom de voz e personalidades similares aos dos seres humanos. O dicionário Oxford define um influenciador virtual como: "uma pessoa ou coisa feita por software para parecer fisicamente existente, que influencia outra". São projetados por marcas, agências de comunicação, indústria de jogos ou outros agentes para monetizar e cativar uma audiência com fins de humanizar a promoção de marcas e/ou de mensagens, ideias, venda de produtos e serviços ou mesmo com o intuito de serem responsáveis pelo atendimento e relacionamento com clientes.

Uma das influenciadoras virtuais mais seguidas do mundo é 100% *made in Brazil* e atende pelo nome de Lu do Magalu. Além dela, muitas outras marcas entenderam que a estratégia de criar um avatar virtual que represente a empresa faz bastante sentido. Assim, tais influenciadores ou avatares de marca têm uma caracterização física, mas também emocional, com tom de voz, inclinações, preferências etc. Também têm a capacidade de falar em nome da organização em causas diversas e, com isso, ser parte da estratégia de construção e manutenção da reputação da marca. Criada há cerca de 20 anos para transportar a experiência de atendimento das lojas físicas da Magalu para o *e-commerce* ainda em desenvolvimento, a assistente virtual ganhou força e espaço ao longo dos anos, tornando-se um caso de sucesso do mercado de Influência virtual no Brasil, inspirando outras marcas na construção de uma estratégia de presença digital sólida e relevante.

A estratégia tem tal êxito no Brasil que inúmeras organizações já contam com seus influenciadores virtuais como parte de suas estratégias de comunicação: CB (Casas Bahia), Nat (Natura), Dai (Dailus, exibida na Figura 3.3), Ully (Ultragaz), Iana (Havaianas), Sam (Samsung), Dorinha (Azeites Andorinha), Sol (Assaí), Ângela (Instituto Avon), Moça (Nestlé), entre muitos outros avatares. Além das organizações, alguns artistas brasileiros e influenciadores digitais também já optaram por ter suas versões virtuais, tais como Sabrina Sato (Satiko), Bianca Andrade (Pink), Lucas Rangel (Luks), Jordanna Maia (Jords), Amaury Jr. (AJ) etc.

Figura 3.3 – Influenciadora virtual Dai, da marca de cosméticos Dailus

Fonte: https://www.instagram.com/p/C1t8Jd-vSu8/.

Para as organizações, uma *persona* virtual funciona como uma extensão de suas marcas e as representa, gerando identificação junto aos seus consumidores, e com a possibilidade de incorporar causas sociais latentes, de transmitir conteúdos e mensagens-chave estratégicas como qualquer influenciador digital. Um recurso de comunicação contemporâneo, de maneira controlada e menos arriscada do que contratar um terceiro para fazer o mesmo trabalho. Para quem cria seus avatares, o objetivo é a monetização, ares de pioneirismo, preparação para espaços digitais como o metaverso e, talvez, a possibilidade de representar a figura humana em projetos que não poderiam se envolver e em períodos *off*. Muitos desses personagens digitais têm feito coberturas de eventos, como a Satiko na feira Eletrolar 2023, falando do estande da marca de eletroeletrônicos, Aiwa[44]; ou a Pink chegando ao *Web Summit* Rio 2023[45] e mostrando detalhes do evento para sua audiência. Por outro lado, entendemos que criar conexões reais e um tom de voz com uma narrativa de relevância, por meio de *personas* virtuais, pode exigir ainda mais esforço de seus criadores, em comparação com ações que trazem influenciadores de "carne e osso".

Como qualquer peça estratégica, trabalhar com influenciadores virtuais exige planejamento, orçamento e tecnologia de ponta para não só criar um avatar, mas também todo um plano de influência que cative as audiências pelo lado emocional e "humano". Talvez seja por tudo isso que apenas grandes marcas ou *influencers* têm condições de desenvolver projetos de influência virtual hoje. As organizações menores ou de médio porte podem não dispor de todas essas necessidades e também de orçamento para ter seus próprios avatares. Porém, com o avanço e a popularização de tecnologias inteligentes, é bem provável que esse cenário se modifique daqui em diante.

Apesar de tantos benefícios, precisamos levar em consideração os limites éticos de toda essa evolução, não só do que entendemos como influência, mas também do que é a comunicação. Questões extremamente importantes, como responsabilidade, privacidade, autenticidade, segurança de dados, direitos autorais e responsabilidade parecem fazer cada vez mais parte do escopo de trabalho dos influenciadores digitais.

---

44 Disponível em: https://www.instagram.com/p/CunI-0RPHwY/.
45 Disponível em: https://www.instagram.com/p/CrwJVm7LHTc/.

Uma revolução no mercado de influência que já está sendo reconfigurada pelo crescimento exponencial das IAs, e que pode transformar mascotes e pessoas virtuais em uma realidade comunicacional cada vez mais avançada e presente. No mesmo compasso, com todas as mudanças no ecossistema da influência, transformam-se também as habilidades e *expertises* necessárias aos profissionais de RP e comunicação para atuarem em um mercado cada vez mais pautado pela tecnologia e por ferramentas com inteligência artificial.

3.4 Economia dos criadores de conteúdo

A economia dos criadores de conteúdo é fruto direto do mercado de influência e uma nova forma de monetização *on-line*. Envolve criadores de conteúdo (os influenciadores digitais), que são indivíduos que produzem informação para a *internet*, em formatos originais de vídeos, podcasts, artigos e posts diversos, podendo gerar receita de várias maneiras. O conceito surgiu como "nova economia", em 1997, em um estudo do professor Paul Saffo, da Universidade de Stanford, da Califórnia. Em 2011, o YouTube cunhou o termo *creator* e, então, nascia a *creator economy*, que diz respeito a tudo que gira em torno da geração de receita a partir da criação, produção e publicação de conteúdos *on-line*.

Com a evolução da *creator economy*, novas estratégias estão sendo adotadas por *startups*, plataformas de mídias digitais e influenciadores para transformar e ampliar o que entendemos hoje como receita na indústria de influência, um mercado que estabelece conexões com o público-alvo e já movimenta mais de R$ 70 bilhões por ano, de acordo com pesquisa da CB *Insights*. O Goldman Sachs estima que o mercado de creators deve dobrar e que o número de criadores de conteúdo deve aumentar de 10% a 20% por ano até 2027.

Várias são as possibilidades de monetização na *creator economy*, e, entre elas, listamos as principais:

- Patrocínios: criadores podem ser patrocinados por marcas para promover produtos ou serviços.
- Assinaturas: criadores podem cobrar uma assinatura para acesso a um conteúdo exclusivo.

CAPÍTULO 3
MARCAS INFLUENCIADORAS, INFLUÊNCIA CORPORATIVA DIGITAL E ECONOMIA DOS CRIADORES

- Doações: seguidores podem doar dinheiro para os criadores que apreciam, seja apoiando um projeto específico ou de maneira geral.

- Publicidade: os famosos *publiposts*, ou seja, uma marca demanda ao influenciador a divulgação de um produto, serviço, evento etc., em troca de pagamento.

- Cocriação: a agência ou a marca compartilham com o criador de conteúdo um *briefing* ou uma necessidade de divulgação e ambos pensam na melhor maneira de trabalhar tal ação.

- Produção: a agência ou a marca acionam um *creator* para que ele proponha, produza e edite uma campanha, uma postagem ou uma divulgação que pode ser compartilhada tanto em seu perfil quanto no da organização (ou em ambos).

A economia dos criadores de conteúdo engloba não apenas aos influenciadores digitais ditos profissionalizados, mas também os profissionais liberais, autônomos, empreendedores e outros pequenos produtores de conteúdo que utilizam as plataformas digitais para divulgar o que fazem/vendem/defendem com vistas a influenciar, se relacionar, promover exposição e consumo. A *creator economy* está crescendo rapidamente, impulsionada por vários fatores, incluindo o aumento da popularidade da *internet*, o crescimento das plataformas digitais e o surgimento de novas tecnologias, como *blockchain* e inteligência artificial. Em tese, ela permite o consumo de conteúdo feito por criadores independentes, o que teria potencial de aumento da diversidade e da autenticidade do que as pessoas consomem. Como exemplos dessa economia, temos os influenciadores que vendem cursos, palestras, mentorias, conteúdos exclusivos, serviços em geral ou, simplesmente, produtos ou marcas próprias na rede diretamente a suas audiências.

Assim, de um lado temos as marcas descobrindo que estratégias com foco em influenciadores que promovam seus produtos em páginas próprias podem não ser o melhor caminho para o "coração" do público. Do outro, plataformas de vídeo autoral, como o TikTok, Shorts (do YouTube), Reels (do Instagram), Kwai ou Twitch, que fomentam essa indústria com a produção original de conteúdos de *creators*, que acabam sendo vistos como mais uma importante ferramenta de impulso e engajamento estratégico e comunicacional. A partir desse contexto, podemos citar algumas das principais tecnologias que fomentam a economia dos criadores:

- Plataformas digitais – possibilitam o alcance de públicos maiores ou de nicho, encontrando também seguidores-fãs, e promovendo seus conteúdos *on-line*.

- *Softwares* especiais de edição de vídeo, imagem ou áudio – permitem a produção de conteúdo de qualidade e de maneira rápida e profissionalizada.

- NFTs[46] – *tokens* não fungíveis armazenados em *blockchains*. Não podem ser substituídos por outros de mesma espécie, qualidade, quantidade e valor. Trata-se de um item único e pessoal, contudo pode ser transferível, negociado, comercializado, trocado e até emprestado.

- *Blockchain*[47] – possibilita a criação de modelos de negócios mais justos para os criadores, com controle da distribuição e pagamento por suas criações.

- Realidade virtual e realidade aumentada – permitem criar experiências imersivas para as audiências para aumentar o engajamento e a visibilidade de seus conteúdos.

- Inteligência artificial – possibilita a criação de conteúdos de forma mais facilitada, dinâmica e acessível, sejam eles visuais ou textuais, com alta qualidade, prazos e custos bem menores.

Nesse contexto, as plataformas digitais vêm ampliando as possibilidades para se aproximar e educar os criadores de conteúdo com novas ferramentas de monetização e cursos para o público que deseja fazer parte dessa economia em crescimento. A Meta, por exemplo, oferece,

---

46 *Non-fungible tokens*. Um *token* é uma representação digital de um ativo, como uma moeda ou obra de arte, por exemplo. Ser não fungível significa ser exclusivo e não pode ser substituído. Portanto um NFT é como um certificado digital de propriedade, cuja autenticidade pode ser comprovada por qualquer um, mas não pode ser copiada.

47 Para a IBM, *blockchain* é um livro de registros, compartilhado e imutável, que facilita o processo de gravação de transações e rastreamento de ativos em uma rede de negócios. Um ativo pode ser tangível (uma casa, um carro, dinheiro, terras) ou intangível (propriedade intelectual, patentes, direitos autorais e marcas). Praticamente qualquer item de valor pode ser rastreado e negociado em uma rede de *blockchain*, o que reduz os riscos e os custos para todos os envolvidos. Disponível em: https://www.ibm.com/br-pt/topics/blockchain.

dentro do Facebook e do Instagram – suas principais plataformas –, ferramentas especiais de assinaturas por conteúdo, para facilitar a monetização e uma renda fixa a influenciadores de todos os nichos. Um conjunto de melhorias para os criadores emergentes, mas que os grandes também podem utilizar para criar novas estratégias e ações pagas com engajamento e relevância. Um cenário que reforça cada vez mais o valor da criação própria e das ações autênticas que dialogam diretamente com os públicos-alvo.

Assim, acreditamos que, muito além de modismos ou de novidades efêmeras do digital, as marcas precisam se preparar para incorporar estratégias de influência cada vez mais ao seu tipo de negócio, se isso fizer sentido. Seja como influenciadoras digitais, com o público interno como porta-voz nas plataformas ou na *creator economy*, faz-se necessário compreender esse universo de possibilidades que pode colaborar no trabalho de comunicação para criar mais conexão com o consumidor, mas sempre de forma relevante, genuína e engajadora para o negócio.

CAPÍTULO 4

COMUNICAÇÃO E RP NA ERA DAS PLATAFORMAS E DOS DADOS

A comunicação e as relações públicas vêm assumindo cada vez mais papel protagonista na sociedade contemporânea, à medida que a tecnologia avança e permeia tudo que fazemos e o modo como nos relacionamos e interagimos. Tal fato é capaz de trazer oportunidades e desafios para os comunicadores, em uma era de dados, superinteligências e plataformas que promovem a aceleração e a transformação das práticas de relacionamento e sociabilidade de modo holístico e até mesmo transversal. Neste capítulo, buscamos discorrer e compreender como os processos comunicacionais e as RP absorveram a datificação e a plataformização, transformando todo o tecido social, cultural e até mesmo político daquilo que entendemos como contemporaneidade.

4.1 *Data comms* – novas práticas e habilidades por meio de dados

Buscar saber o que público quer ou deseja não é algo novo e já faz parte de ações de comunicação e *marketing* há décadas. Os institutos de pesquisa promovem estudos para conhecer a preferência de uma determinada amostra de pessoas com captação e análise de dados quantitativos e qualitativos. E as marcas materializam todos esses sonhos em produtos e serviços que geram novas oportunidades de consumo ou as atualizam. Mas hoje, com uma crescente gama de empresas – e de um mercado – cada vez mais digitais, monitorar as exigências dos públicos passa a ser uma obrigação corporativa que pauta e define estratégias comunicacionais de sucesso, que operam por meio de mecanismos de interação e engajamento para identificar tendências, oportunidades e até mesmo crises.

Um complexo ecossistema no qual agentes humanos e não humanos atuam ao lado de gigantescas bases de dados que representam e alteram ações de comunicação organizacionais com dados gerados pelos usuários que, provavelmente, vão retornar a eles embalados em algum tipo de produto ou serviço. A partir disso, novas demandas e habilidades para profissionais de comunicação, como previsão, *performance* e personalização se somam ao trabalho de conteúdo e relacionamento com os públicos de interesse, configurando o que hoje entendemos como prática comunicacional. Surge então o que vamos chamar de *data comms*, ou comunicação dataficada.

Em um mundo cada vez mais impermanente e dinâmico, percebemos uma latente requalificação do profissional de comunicação e de RP pautada pela transformação digital de tudo, pelo *big data* e por novos cenários e regras que têm os dados, a visibilidade e a influência como parte do conhecimento e dos desafios da área. A consequência direta de tal panorama é um modo de comunicar cada vez mais racional e mais *quanti*, que busca prever e interpretar tudo que seja possível para fins comerciais e organizacionais. Uma nova lógica que quantifica o comportamento humano por meio do digital, tendo a mensuração e a *performance* ditando as regras para organizações e seus processos comunicacionais, agora também mensuráveis e rastreáveis.

Tal cenário, pautado por grandes massas de dados, é capaz de acentuar os desafios dos profissionais de comunicação, trazendo uma nova compreensão da realidade, da tomada de decisões, e do que é comunicar em um ecossistema de plataformas, inteligência artificial e dados. Hoje, é possível perceber que etapas importantes de um planejamento – como, por exemplo, a formulação de estratégias e de ações táticas, e a compreensão dos públicos e de onde e como eles interagem – podem ser bem mais assertivas e detalhadas quando determinadas por dados bem selecionados e bem interpretados. Um processo que funciona por meio de testes, ajustes e repetições constantemente reavaliadas até que os resultados atendam aos requisitos dos objetivos estratégicos e de negócios das organizações.

No jargão de que tudo pode ser transformado em dados, a Uber, plataforma intermediadora de mobilidade urbana, tem, em sua sala de imprensa, uma sugestão de pauta que trata dos itens mais perdidos pelos passageiros nos veículos, também ranqueando: as cidades em que as pessoas mais esquecem coisas; os objetos mais curiosos deixados nos carros da empresa; os dias em que há mais propensão para esquecer itens; entre outras curiosidades. A empresa transformou o velho "achados e perdidos" em dados e, consequentemente, em pauta para a imprensa. O *lost and found index*[48] traz *rankings*, tendências e alimenta matérias em veículos de mídia. Uma estratégia dataficada e bastante oportuna para trabalhar não só conteúdos de relevância, mas também o *awareness* da marca Uber com dados e "tempero" localizado ao público e aos mercados locais.

Novos desafios no uso de dados e plataformas obrigam profissionais de comunicação a trabalhar hoje lado a lado de áreas muitas vezes consideradas opostas ou diferentes, como as relacionadas à tecnologia da informação. Juntas, elas aprimoram as atividades comunicacionais, impulsionando o que conhecemos como interação, engajamento e *feedback*, transformando este último em valiosas respostas e *insights* fundamentais para as atividades de comunicação contemporâneas. Por tudo isso, faz-se extremamente necessário treinar os profissionais do campo na tecnologia de dados, para expandir suas habilidades de compreensão, análise e interpretação, visando estratégias comunicacionais cada vez mais objetivas e acuradas.

Em uma tentativa de entender os anseios de seus consumidores, a Avon desenvolveu uma maneira de monitorar comentários nas mídias digitais acerca do que seria a máscara de cílios perfeita. Assim, analisou 15 mil comentários e chegou à conclusão de que as pessoas buscavam cinco principais atributos em uma máscara de cílios: megavolume, efeito alongado, definição precisa, curvatura e preto intenso. O que a marca tinha em mãos, a partir daí, era um produto desenvolvido por inteligência artificial (IA), porém ouvindo valiosos *insights* sobre o que

---

48 Disponível em: https://www.uber.com/newsroom/2023-uber-lost-found-index/.

os consumidores do produto queriam idealmente. A estratégia de divulgação, claro, passou por comunicar essa vantagem competitiva: tinham, ali, um rímel customizado, desenvolvido por IA com base nos desejos dos consumidores e que, finalmente, resolveria as necessidades de quem consome esse tipo de produto. O resultado não poderia ser outro: tais dados foram o pilar da comunicação direcionada estrategicamente tanto à imprensa[49] quanto às mídias digitais.

Processos como monitoramento, análise de *performance* e previsão se consolidam como partes essenciais das rotinas de *data comms*, e o desenho estratégico de ações comunicacionais passa a incluir também o entendimento das dinâmicas do digital, suas plataformas, algoritmos, formatos, linguagens e dados. Um novo panorama que orienta e pauta o trabalho de comunicadores e empresas com base em uma cultura de testes e de aprendizados, características de um mundo digitalizado e dataficado, e que agora faz parte também da comunicação, transformando-a em peça estratégica e de extrema importância para os negócios de organizações de todos os tipos.

Mas para que a *data comms* faça sentido e seja útil, três pontos importantes devem ser priorizados e trabalhados:

- monitorar constantemente os públicos, para compreender a fundo que tipo de mensagem deve ser transmitido, como, quando e onde;
- buscar desenvolver novas experiências, criando ações para além do trivial e da simples oferta de produtos e serviços; e
- criar conteúdos relevantes e customizados visando construir laços fortes e uma conexão verdadeira com audiências fluidas e hiperconectadas.

A *data comms* traz vantagens importantes para o campo, entre elas um trabalho mais preciso e com potencial de atingir quem faz parte dos públicos de uma determinada empresa; a possibilidade de ajuste das estratégias em tempo real, monitorando o que funciona e o que não funciona; e a capacidade de entender os próximos passos e decisões a serem tomadas em um plano, avaliando métricas estratégicas, por

---

49 Exemplo disponível em: https://itforum.com.br/maquiagem-da-avon-e-criada-por-algoritmo-que-leu-15-mil-comentarios/amp/.

exemplo. Uma gama de desafios e oportunidades para mensagens cada vez mais dirigidas, customizadas e assertivas que deixam profissionais e empresas em constante "modo beta".

Uma metamorfose de práticas e processos por meio do digital que leva a comunicação a um novo *modus operandi* de planejamento, execução, mensuração e valorização ligados aos dados e às plataformas. Tudo isso visando ganho de diferencial competitivo e de mercado. Precisamos estar atentos e respeitar as pistas digitais dos públicos na rede como parte do trabalho de comunicação e de RP, e do que entendemos como estratégia, monitorando-os para dialogar e criar ações reativas e proativas customizadas. Os dados falam, e vão falar sempre, se estivermos dispostos e aprendermos a escutá-los, sabendo usufruir e aplicá-los na comunicação, que mais uma vez se transforma e se molda no que chamamos de *data comms*, ou comunicação dataficada.

4.2 Inteligência artificial, *bots* e RP 4.0

As mudanças nos modos como organizações e suas audiências se relacionam hoje são inegáveis, e as mídias digitais tiveram um papel central em todo esse processo de ruptura e reconfiguração do social, cultural e do político de nossos tempos. Padrões como imediatismo, agilidade e interatividade, proporcionados pelas plataformas da rede e pelas novas tecnologias, incluindo a inteligência artificial, transformaram também o *modus operandi* e a atuação de organizações e suas audiências. Ao reclamar hoje em um telefone, *e-mail*, chat ou qualquer outro meio presencial, por exemplo, o público exige ter uma pronta resposta, uma demanda que surgiu em função do chamado *real time* das mídias digitais, e da voz cada vez mais forte do "usuário-mídia", aquele que produz, compartilha e dissemina conteúdos próprios e de seus pares na rede.

A sociedade avança, e, com ela, a tecnologia, surgindo robôs e recursos tecnológicos de última geração como os assistentes virtuais baseados em inteligência artificial (IA) e os *chatbots*. A partir de tudo isso, emerge também a discussão sobre atendimentos e relacionamentos entre organizações e públicos mecanizados e padronizados, e o quão transformadores são tais processos para a comunicação e a criação de laços com as audiências. Entendemos que automatizar atividades e relacionamentos organizacionais significa criar caminhos, em teoria, mais rápidos e assertivos para atender às demandas de um público cada vez mais hiperconectado e exigente.

No Carnaval de 2023, as marcas de cosméticos O Boticário e Quem Disse, Berenice? utilizaram a ferramenta de inteligência artificial Midjourney para criar opções de maquiagem para a ocasião. Após a geração de imagens, a marca reuniu as criações em um *hotsite* chamado FOL_I.A., uma alusão à folia do Carnaval com a sigla IA, derivada de inteligência artificial. O discurso girava em torno de oferecer inspiração para que as pessoas pudessem fazer maquiagens para o Carnaval, e constitui mais um importante exemplo do uso de dados e de inteligência maquínica, tanto para criação de produtos ou serviços quanto para a comunicação com o público consumidor. Tudo feito de forma personalizada e datificada.

O setor de *fast food* também vem se valendo de ferramentas de inteligência artificial para se autopromover e se comunicar com suas audiências. Usando o ChatGPT, de inteligência artificial generativa, a marca McDonald's perguntou, em 2023, à ferramenta qual era o hambúrguer mais icônico do mundo. A resposta foi: Big Mac. Não querendo ficar atrás e aproveitando o burburinho da ocasião, a concorrente Burger King, por sua vez, questionou então qual seria o maior sanduíche, ao que a IA respondeu: Whooper. A Subway não quis ficar de fora e também questionou a IA se o Sub Footlong, seu produto de 30 cm, não seria, portanto, maior que os hambúrgueres. Toda a "briga"[50] foi registrada em espaços publicitários de mobiliário urbano por todo o país, e acabou por se tornar assunto na imprensa e nas mídias digitais. O segmento todo ganhou visibilidade com tais ações, e as marcas se aproveitaram da ferramenta de IA para gerar mídia espontânea e boca a boca para seus respectivos produtos.

O uso de inteligência maquínica pode representar, de certo modo, uma redução de tempo, de custos, de pessoal e uma maior eficiência operacional a partir de um ferramental automatizado, que muitas vezes

---

50 É possível ver as três comunicações em matéria do veículo Meio&Mensagem, disponível em: https://www.meioemensagem.com.br/comunicacao/subway-entra-na-briga-de-mcdonalds-e-burger-king-pelo-chatgpt.

está disponível gratuitamente na *web*. No entanto, consumidores podem se sentir frustrados ao serem atendidos por uma máquina em vez de um ser humano, e não terem seu problema resolvido, trazendo dúvidas sobre a real eficácia de tais processos.

Parece trivial, mas uma das grandes vantagens da automatização comunicativa é retirar tarefas mecânicas das pessoas para que elas possam pensar estrategicamente em outras mais complexas, com os robôs sendo direcionados para as mais rotineiras, repetitivas e completamente operacionais. Assim, o papel do comunicador se transmuta em um tipo de curador de dados, fazendo toda a filtragem, edição e remediação da informação, que sofre cada vez mais impactos da automação, e que, por sua vez, afeta as organizações, suas estratégias e, logicamente, seus públicos de interesse.

O que é inegável nesse processo todo é que a digitalização assumiu um papel central na sociedade e nas organizações, o que alterou também a forma como pensamos e fazemos a comunicação. A automatização comunicativa é mais uma dessas mudanças, que gera consequências também nas relações entre uma organização e seus públicos. Durante a pandemia da COVID-19 e o isolamento social, por exemplo, vimos uma hiperexpansão do uso do digital e, também, dos assistentes virtuais e do atendimento virtual. Um estudo de 2023 realizado pela Ilumeo[51], consultoria de inteligência de dados, identificou que 67% dos brasileiros já usaram algum serviço com assistência virtual. Os dados mostraram que o crescimento do uso de assistentes por voz em *smartphones* passou de 87% para 91% em dois anos. Uma tendência que parece aumentar ano após ano com o avanço da tecnologia e o consequente aperfeiçoamento nos atendimentos digitais à distância.

Quando pensamos na evolução das relações públicas em um cenário de *bots* e IA, precisamos considerar que as redes sociais despontaram no final da década de 90 e se solidificaram nos anos 2000 e na década seguinte. Ali, convencionou-se falar em *internet* 2.0, como aquela rede que possibilitava interação, participação e colaboração entre usuários. Com as relações públicas, o movimento foi similar e segue um fluxo parecido de desenvolvimento da rede. De uma atividade pautada em

---

[51] Disponível em: https://www.terra.com.br/noticias/ia-maioria-dos-brasileiros-ja-utiliza-assistentes-virtuais,957fc00b28db8525b58564b97b08726bs5lq0zow.html.

CAPÍTULO 4
COMUNICAÇÃO E RP NA ERA DAS PLATAFORMAS E DOS DADOS

ações *off-line* para mais opções de atuação com a *internet* e as mídias digitais, passou-se a falar em RP 2.0. O que a IA, a robótica, a *internet* das coisas (IoT) e a evolução tecnológica trazem agora é o 4.0. As relações públicas 4.0 abarcam todo o escopo 2.0 de atuação no digital, com estratégias de otimização de conteúdos em mecanismos de busca (SEO) e uso de recursos das ciências de dados e do *big data* como ferramentas necessárias ao desenho de estratégias de comunicação. Tudo com a finalidade de entender as expectativas dos públicos de interesse das organizações para que se desenvolvam ações de relacionamento customizadas e direcionadas, sobretudo nos meios digitais, mas não se restringindo a eles. O fazer de RP, assim como a rede e as práticas sociais, se reinventa e se atualiza à medida que a tecnologia avança e altera também tudo o que compreendemos como sociedade.

Nos parece que os relacionamentos automatizados e mediados pela tecnologia já são parte das relações públicas e da comunicação como um todo, visando encurtar processos, com percursos mais rápidos e fáceis e, por outro lado, obrigando os profissionais a se atualizarem cada vez mais e a fazer uso e leitura adequadas do que cada situação exige. De qualquer modo, faz-se necessário levar em conta também questões importantes como privacidade de dados e suas respectivas regulamentações para trabalhar em conjunto com o digital de maneira cada vez mais estratégica e crítica.

4.3 Marcas, algoritmos e as novas regras do jogo

Vivemos hoje em uma realidade digital com um turbilhão informacional a cada minuto, e nos encontramos não mais on nem *off-line*, mas *all-line*, 24 horas por dia, 7 dias por semana, com nossos dispositivos eletrônicos e perfis nas redes habilitados e hiperconectados durante todo tempo, até mesmo enquanto dormimos. Em tal panorama, agentes matemáticos especiais colaboram na seleção e organização de todos os dados gerados, direcionando a navegação em meio a tanto conteúdo disperso e oferecido por meio de nossos rastros, buscas e consumo *on-line*. Um assunto que exige que nós, comunicadores, saibamos hoje como os mecanismos da rede funcionam, e quais são as principais plataformas e formatos na hora de traçar uma estratégia comunicacional. Uma tendência que cresce vertiginosamente com o desenvolvimento de inteligências artificiais mais poderosas e com a consolidação da *Internet das Coisas*, a tecnologia que promete tornar objetos, casas e cidades inteiras ainda mais inteligentes e hiperconectadas.

Tais agentes são os chamados algoritmos, que, de modo geral, podem ser compreendidos como um conjunto de passo a passos computacionais, códigos de programação executados de modo periódico, procedimentos de máquinas e/ou homens que buscam a personalização da informação, embalada em produtos e/ou serviços. Eles constituem parte importante de todas as plataformas da rede hoje, e podem ser dotados do que chamamos de *machine learning* (ou aprendizado da máquina) para criar determinado percurso que será aprendido pelo código, e se adaptará a novos comandos e caminhos quantas vezes forem necessárias. Não é difícil perceber como atualmente os algoritmos já fazem parte da nossa rotina e das nossas escolhas de consumo social e cultural. Spotify, Apple Music, Netflix, Prime Video, Instagram, TikTok, Amazon, Google — grandes serviços digitais que dispõem desses agentes matemáticos como core de seus ecossistemas para a filtragem de dados e a obtenção de resultados por meio da previsibilidade e da padronização das ações do ser humano *on-line*.

Por toda a *web* é possível encontrar diferentes algoritmos, mas com um objetivo em comum: selecionar e oferecer o conteúdo mais relevante e personalizado, de acordo com critérios de julgamento específicos, a cada usuário, por meio de suas pegadas digitais deixadas nos cliques, curtidas, *sites* visitados, produtos comprados etc. Uma "matematização" do nosso comportamento digital que gera padrões, preferências e categorizações do que é, foi e será consumido por nós. Muito mais que aprender a programar, nós, comunicadores, somos capazes de usufruir tais códigos como aliados estratégicos, conhecendo seu funcionamento para criar e executar um plano de comunicação estratégico e digital. Por isso, os algoritmos têm tudo a ver com comunicação. Como criadores de conteúdo, gestores de marca ou compradores de espaços de mídia na rede, somos obrigados a desenvolver novas habilidades para compreender o ecossistema algorítmico das plataformas, aprendendo a visualizar dados, reconhecer padrões e trabalhar com modelos estatísticos, habilidades que, infelizmente, ainda não pertencem aos modelos de ensino tradicional das grades das universidades.

E em um panorama de hiperdigitalização, hipervisibilidade e hiperconexão, a comunicação das organizações se encontra em destaque e inserida em uma alta convergência midiática. Vivemos a midiatização de tudo: de nossos relacionamentos, de nossas escolhas sociais e culturais, e as marcas se valem deste cenário para a construção de vínculos e de sentidos com suas audiências também midiatizadas. É possível perceber como o surgimento e a popularização das plataformas da rede alteraram questões como visibilidade, influência e relacionamento, antes em canais unilaterais e com pouca ou quase nenhuma interação. Hoje as organizações buscam fortalecer laços e criar valor com seus públicos de interesse por meio de um boca a boca eletrônico favorecido pelas dinâmicas da rede e de suas respectivas plataformas.

Assim, o trabalho de conteúdo das marcas, jornalísticas ou institucionais, com suas audiências, incentiva a propagação de mensagens pela via da conectividade e do engajamento dos usuários, que são grandes produtores de dados e de novos conteúdos gerados a partir desses mesmos dados. Uma valiosa matéria-prima que retroalimenta a dinâmica das plataformas e pauta as atividades comunicacionais e estratégicas das organizações no contexto digitalizado em que vivemos. Assim, marcas interessadas em criar e manter conversas com processos e relacionamentos interativos com suas audiências se depararam com novas oportunidades e desafios em um jogo com novas regras, e no qual a sedução e o envolvimento do usuário funcionam como catalisadores para interações e um novo contrato entre as partes envolvidas.

Por conta de um lançamento envolvendo produtos de saúde íntima para mulheres, o Boticário decidiu "hackear" o algoritmo do TikTok. Em função de proibições das plataformas por palavras envolvendo partes da genitália – tanto masculina quanto feminina –, a marca optou por usar uma *hashtag* #cerejalivre como uma alusão ao processo de cuidados íntimos da vulva com os seus produtos. Com vídeos de influenciadores digitais[52] de vários portes e alcances, a ação atingiu

---

52 Exemplos disponíveis em: https://www.tiktok.com/@oboticario/video/7192326011919420677?q=%23cerejalivre&t=1690314754316 e https://www.tiktok.com/@oboticario/video/7197575935967644933?q=%23cerejalivre&t=1690314754316.

mais de 62 milhões de visualizações[53] com #cerejalivre no TikTok. Compreender o funcionamento do algoritmo de cada plataforma pode ser a diferença entre uma campanha estrategicamente bem-sucedida e de resultado, e outra sem impacto e *buzz*.

A partir de tal contexto, as estratégias de relacionamento das marcas com suas audiências nas plataformas da rede apostam na ação destas como divulgadoras para reverberar mensagens de campanhas e ações de comunicação. Mas em tempos de visibilidade digitalizada, não há um modelo para a atuação nas plataformas digitais que assegure 100% de eficácia: é preciso testar, modelar e adaptar estratégias tradicionais para formatos e linguagens próprios do ambiente plataformizado, com processos que incluem a observação e o monitoramento frequente das conversas e interações com os públicos para transformar em dados e conteúdos estratégicos os *insights* encontrados em um ecossistema, com regras e visibilidade predefinidas. Assim, as organizações devem se adaptar a tal estratagema para dominar hoje o funcionamento e as regras de tais espaços, para usá-los como aliados nos processos de comunicação, reconhecendo as plataformas como uma realidade e um lugar de experimentações e construção de laços com as audiências.

Manter uma estratégia eficaz e de presença relevante em tais espaços custa tempo, dinheiro e investimento em uma equipe dedicada que, ao mesmo tempo, compreenda os desejos do público e traduza os objetivos estratégicos em ações customizadas e assertivas. Um *modus operandi* que trabalhe a mídia espontânea, aquela na qual a aparição da marca ainda ocorre de modo orgânico/não pago (com os usuários fãs ou embaixadores de marca, por exemplo) junto da mídia própria (nos *websites*, *blogs* e apps de propriedade das marcas) e da mídia paga (com uso de influenciadores digitais, impulsionamento de posts e compra de anúncios, por exemplo) em um plano de comunicação 360.

O lançamento do filme *Barbie*, em julho de 2023, causou alvoroço *on* e *off-line* antes, durante e depois de sua estreia. Com uma estratégia de divulgação do elenco, dos cenários, dos personagens (tanto para imprensa quanto para o meio digital); uma série de *collabs* com marcas; muita nostalgia (a boneca foi criada em 1959) e muita releitura do contexto atual da sociedade (abordando questões como diversidade,

---

53 Disponível em: https://www.tiktok.com/tag/cerejalivre.

pluralidade, empoderamento feminino e afins), as marcas Mattel (responsável pela boneca) e Warner (responsável pelo filme) conseguiram criar uma atmosfera de burburinho intenso sobre o filme e a onda rosa que durou desde o seu anúncio, em 2021, até o período posterior ao lançamento do filme, em julho de 2023. A estratégia da Barbiemania envolveu uma comunicação 360 que foi desde compra de mídia *off* e *on-line*, até ações de relacionamento, vendas de produtos, parcerias com outras marcas e licenciamentos, até incentivo à mídia espontânea direcionada aos usuários e consumidores, em quase todos os canais e plataformas digitais.

Acreditamos que as plataformas são hoje um lugar de conexão permanente, em uma rede de estados impermanentes e, por isso, sem receitas de bolo ou fórmulas mágicas. Por isso, é preciso um olhar que considere tais estruturas como aliadas estratégicas e como um dos personagens principais de uma realidade hiperconectada construída social e culturalmente nessas ambiências. Compreender e aceitar a dinâmica das plataformas como locais de comunicação, experimentação e relacionamento estratégico de longo prazo, é entender também o usuário e quais as regras e os caminhos mais assertivos para se chegar até ele por meio do relacionamento e da interação, partes intrínsecas do que entendemos como comunicação.

CAPÍTULO 5

TECNOLOGIAS E TENDÊNCIAS EMERGENTES

A área de comunicação é muito dinâmica e evolui rapidamente ao lado da sociedade e das tecnologias emergentes. Diante de toda essa transformação e impermanência, não só das atividades comunicacionais, mas também das relações sociais e do que entendemos hoje como "rede", vale observarmos, também, que formatos, linguagens, plataformas, aplicativos e *softwares* surgem e desaparecem com a mesma frequência e velocidade que tudo muda e se reconfigura. Tudo isso impacta diretamente a comunicação e o trabalho de RP.

Assim, nosso papel enquanto profissionais de comunicação é entendermos a fundo o momento e a volatilidade dos tempos atuais, buscando compreender também o que se faz perene, o que vale o esforço comunicacional, e o que é tendência ou apenas um modismo passageiro. Uma tarefa que exige pensamento estratégico, letramento midiático, atenção e aprendizados constantes, mas também uma postura aberta e flexível diante de tanta novidade e informação.

Neste capítulo, nosso objetivo principal é discutir algumas das inúmeras tendências tecnológicas que vêm mobilizando a atenção das organizações, mercado, mídia e também moldando o que fazemos hoje. Atualmente, elas podem ser algo volátil e muitas vezes passageiro, mas elencamos aqui alguns elementos que têm impactado as ações de comunicação das marcas, que têm se mostrado atentas em participar dessas novidades como meio de visibilidade e reputação positivas frente às audiências.

5.1 Metaverso

O metaverso[54] é uma expressão utilizada para se tratar de um tipo de mundo virtual que tenta replicar a realidade por meio de dispositivos digitais. Junto desse conceito, estão atrelados termos realidade virtual e realidade aumentada. A primeira permite a imersão do usuário no mundo digital, e a segunda, por sua vez, mescla o que compreendemos como virtual e real, por meio de dispositivos eletrônicos e tecnologias de última geração.

Por realidade virtual, entende-se também um ambiente no qual o usuário se insere virtualmente, mas como se estivesse ali, permeado por efeitos visuais e sonoros e, a depender da tecnologia utilizada, interagindo ou não com aquilo que está ao seu redor. Já na realidade aumentada podemos perceber uma sobreposição de elementos — oferecendo um mundo real com outras lentes e uma camada digital criada pela tecnologia para ampliar algo que estava sendo visto em um dispositivo dotado de uma câmera, por exemplo. Como ponto de distinção, podemos apontar que a realidade aumentada inclui elementos virtuais no mundo real, e a realidade virtual faz o contrário: cria ambientes digitais por meio de itens tecnológicos como óculos especiais em que o usuário, por exemplo, pode "mergulhar" em outro contexto.

Portanto o metaverso pode ser compreendido como um universo digital imersivo, interativo e realista e que pode incluir tanto jogos quanto avatares e plataformas digitais. Uma espécie de *internet* 3D, na qual comunicação, lazer e negócios coexistem de forma interoperável e simultânea. E é no contexto dos *games* que o metaverso se consolidou e apresenta oportunidades de exposição, visibilidade e relacionamento para as marcas com seus públicos em espaços além dos tradicionais, como imprensa, aplicativos e plataformas digitais.

No metaverso, é possível encontrar lojas virtuais (1); eventos, *shows* ao vivo e interação (2); salas de aula e escritórios virtuais (3); a possibilidade de personalização de avatares e lugares (4); e a formação de comunidades (5).

---

54 A palavra é resultado da junção do termo *meta*, que, em grego, significa além, e verso, que vem de universo.

1. Marcas como McDonald's (Minecraft[55]), Americanas (GTA[56]), Tim (Cryptovoxels[57]), H&M (Ceek[58]), entre outras, criaram lojas virtuais em jogos ou plataformas específicas para o metaverso. O objetivo é se relacionar estrategicamente com suas audiências e públicos de interesse com vistas, inclusive, nas vendas que podem ser originadas a partir de tais canais.

Figura 5.1 – Loja Méqui1000, no Minecraft

Fonte: Divulgação McDonald's Brasil.

2. O DJ Marshmello foi o primeiro artista a se apresentar no Fortnite[59], reunindo 10,7 milhões de jogadores simultâneos em 2019. Em 2020, logo no início da pandemia, o *rapper*

---

55 É um jogo em que o usuário constrói com blocos, em um mundo virtual aberto. Os *gamers* chamam esse tipo de universo de *sandbox* (caixa de areia), e o jogador tem que usar a imaginação e coletar recursos para construir coisas ou sobreviver no jogo.

56 Sigla para Grand Theft Auto (ou roubo qualificado de automóveis). Os jogos da série se passam em cidades fictícias dominadas pelo crime e pelas gangues de rua. Os jogadores se assemelham a criminosos que devem cumprir missões para evoluir na história.

57 Trata-se de um universo virtual em que jogadores podem explorar possibilidades do mundo dos NFTs e da economia descentralizada. Podem criar os próprios avatares, lojas, galerias de arte (com os NFTs), compra de terrenos virtuais, interagir com outros jogadores e aproveitar os jogos desenvolvidos para a plataforma.

58 A plataforma de *streaming* de realidade virtual 3D conecta artistas, atletas e outros criadores de conteúdo digital a seus fãs em mundos virtuais e permite que esses desenvolvedores de conteúdo monetizem seus trabalhos e alcancem seu público por meio de NFTs.

59 Jogo multijogadores *on-line* do tipo *battle royale* (batalha real), isto é, um game de sobrevivência com desafios, armas, equipamentos até que sobre um último jogador.

Travis Scott fez um *show* exclusivo para 14,8 milhões de usuários simultâneos. Os números são da Epic *Games*, desenvolvedora do jogo. Outros artistas de peso como Ariana Grande, Gloria Groove e Emicida também foram pioneiros em se apresentar neste universo virtual. Já em relação aos eventos corporativos, a Renner[60], uma das maiores varejistas de moda do Brasil, realizou sua convenção anual no metaverso, em 2021, para funcionários localizados em diferentes partes do país.

3. A agência Havas criou um escritório[61] no metaverso para reunir colaboradores e poder atender os clientes que querem ações no universo virtual. A Fundação Instituto de Administração (FIA) experimentou abrir uma sala de aula especial[62] no metaverso, acompanhada dos avatares de professores e alunos.

4. A marca americana de tênis Vans construiu um espaço no Roblox[63] em que os jogadores podem não apenas comprar produtos, como também customizar itens por ali. A Nike, por sua vez, criou a NIKELAND, espaço virtual próprio para interação social com seus fãs também no Roblox. Além disso, a marca ainda fez uma ativação especial com a skatista brasileira Rayssa Leal[64], para responder à pergunta: "O que há dentro da bolha do Nike Air Max?". A ação permitia que os jogadores pudessem enfrentar fases do game e cocriar uns com os outros no interior da famosa cápsula de ar do tênis da marca.

---

60 Disponível em: https://exame.com/negocios/lojas-renner-s-a-inova-com-o-uso-do--metaverso-em-sua-convencao-anual.

61 Disponível em: https://abemd.org.br/noticia/agencias-estruturam-escritorios-no-metaverso/.

62 Disponível em: https://www.linkedin.com/posts/ariane-reisier_fia-labdata-metaverso-activity-6937908628540547073-LiRb/?utm_source=linkedin_share&utm_medium=ios_app.

63 Plataforma de jogos e conteúdos criados pelo usuário. Ao criar uma conta no Roblox, o usuário pode personalizar o próprio avatar, adquirindo itens, roupas, acessórios etc., de maneira a participar de todos os jogos disponíveis.

64 Disponível em: https://www.youtube.com/watch?v=8kvWczF6KII&t=8s.

Figura 5.2 – Vans World

Fonte: Roblox (https://www.roblox.com/vans).

5. A Samsung resolveu criar um servidor no Discord[65] para utilizar como um ponto de encontro para a comunidade de criadores, gamers e fãs da marca. A ação da empresa teve como função oferecer produtos digitais exclusivos, convites para eventos e NFTs[66], como forma de reconhecer o engajamento dos usuários. Também no Discord, a brasileira Cacau *Show* criou a CL Forasteiro[67], uma comunidade para dar ao público o acesso a promoções, novidades, eventos e sorteios exclusivos; tirar dúvidas; compartilhar conteúdos; e aprender novas receitas com chocolate. A Nike, no final de 2022, seguiu investindo no metaverso e criou a plataforma SWOOSH[68], uma comunidade de experiência digitais para realizar eventos e expor as criações virtuais e exclusivas da marca.

---

[65] É uma plataforma na qual é possível criar um servidor privado, com salas de texto, canais de áudio e funções de personalização para os membros da comunidade.

[66] De modo geral, constituem ativos digitais que ficam armazenados na *blockchain*. São itens únicos e que podem ser usados para representar qualquer conteúdo.

[67] Cacau Lovers Forasteiro: https://discord.com/invite/26KKwqPb.

[68] Disponível em: https://www.swoosh.nike/location. Ainda não disponível no Brasil.

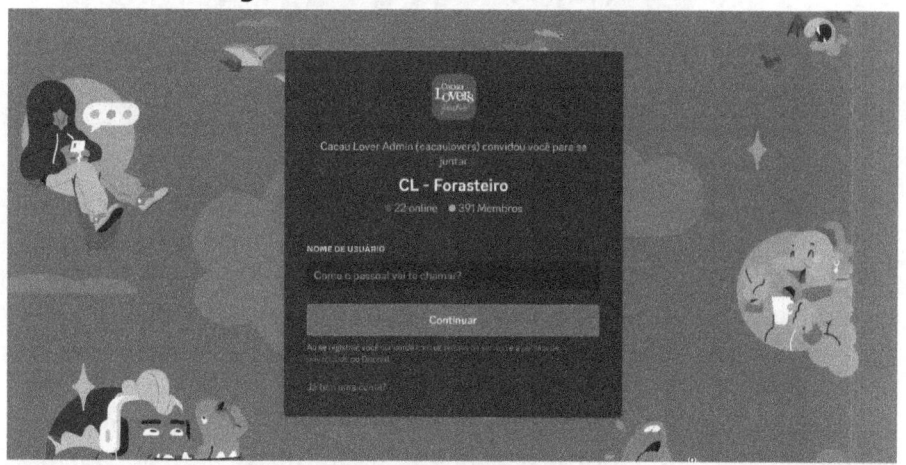

CAPÍTULO 5
TECNOLOGIAS E TENDÊNCIAS EMERGENTES

Figura 5.3 – Cacau Lovers Forasteiro

Fonte: comunidade da marca no Discord.

Muitos dizem que o metaverso morreu, fracassou ou perdeu forças desde que o termo ganhou grande notoriedade em meados de 2022, após a pandemia e uma intensa virtualização de nossas vidas, seja na esfera social, cultural, financeira e até mesmo na saúde. Terrenos virtuais, novos dispositivos e muito investimento fizeram parte de um *boom* que logo levou a uma aparente queda no número de usuários ativos e de *buzz* a respeito do termo. Marcas globais importantes como Disney e Microsoft, por exemplo, fecharam suas divisões no metaverso em 2023. Apesar disso, acreditamos que, por se tratar de um terreno virtual fértil e em desenvolvimento em um mundo que caminha a passos cada vez mais largos, tanto na digitalização quanto nas apostas em IA e novas tecnologias, talvez seja cedo para determinar um futuro para esse universo digital.

O fato é que o metaverso ainda atrai muitas empresas: em 2023, por exemplo, o Banco 24h fez sua estreia neste universo pelo servidor MetaSoul, e uma pesquisa da Market Research Future (MRFR) projeta, entre 2024 e 2030, um crescimento anual do mercado da saúde – um dos mais rentáveis hoje – em 48,3%, só no metaverso. Assim, ele pode até ter perdido forças, e pode não ter performado – ainda – como imaginado, mas é um espaço que parece seguir vivo e, definitivamente, ser um mercado em expansão para marcas e profissionais de comunicação.

5.2 Os *games* como estratégia de construção de imagem e reputação

O universo dos *games on-line* já não pode ser considerado de nicho nem exclusivo de crianças e adolescentes. Com 3,3 bilhões[69] de jogadores espalhados pelo mundo em 2023, as organizações têm se interessado pela presença, engajamento e visibilidade nesse contexto com fins estratégicos de construção de relacionamentos com tais audiências. Só no Brasil, segundo a Pesquisa Gamer Brasil[70], de 2022, 74,5% da população joga algum game *on-line*, e muitos dizem que os jogos são o formato de mídia com maior engajamento no mundo hoje. E as marcas parecem estar investindo pesado em estratégias gamificadas para seus públicos e para novos públicos. Até mesmo as *big techs* já têm divisões 100% voltadas para o mundo dos jogos – a Amazon, com a Amazon *Games*; o Facebook, com o Facebook Gameroom; e a Apple, com o Apple Arcade, por exemplo. Provas de que os *games* são mais que simples entretenimento hoje: são importantes espaços para relacionamento com as audiências, e novos formatos de se contar uma história e vender produtos e serviços.

Em 2023, a Nike lançou um jogo chamado "Nike Run Club", em parceria com o Strava, o mais famoso app de monitoramento de atividades físicas, que permite aos usuários acompanhar treinos e competir com amigos, conseguindo aumentar o reconhecimento da marca e promover também a atividade física. Já o game chamado "Coca-Cola Freestyle", criado em 2022, permite aos jogadores experimentar diferentes sabores do refrigerante mais popular do planeta, também contribuindo para o reconhecimento da marca e para promover a experimentação – e o teste – de novos produtos em um serviço *on-line*.

---

69 Segundo o 2023 Global Games Market Report, relatório global sobre o mercado de games, disponível em: https://veja.abril.com.br/tecnologia/relatorio-preve-aumento-do--faturamento-do-mercado-mundial-de-games.

70 Disponível em: https://www.adrenaline.com.br/games/pesquisa-game-brasil-2022--mostra-que-745-dos-brasileiros-jogam-games-regularmente/#:~:text=Games-,Pesquisa%20Game%20Brasil%202022%20mostra%20que%2074%2C5,dos%20brasileiros%20jogam%20games%20regularmente&text=O%20brasileiro%20tem%20jogado%20cada,Pesquisa%20Game%20Brasil%20(PGB).

Figura 5.4 – App Coca-Cola Freestyle

Fonte: loja de aplicativos, Google Play (https://play.google.com/store/apps/details?id=com.cocacola.droid.pushplay&hl=pt_BR&gl=US).

Também em 2023, o "Gucci Garden" recordou as grandes criações da grife italiana, permitindo que os jogadores explorassem um jardim virtual com roupas e acessórios da marca, ampliando não só o *awareness* da marca, como também alavancando as vendas de produtos e marcando terreno das empresas de luxo no universo dos *games*.

Esses são apenas alguns exemplos de organizações – sobretudo grandes marcas com orçamentos significativos – que têm investido no universo dos *games*, seja com anúncios, com ativações específicas, com "locais" especiais, com ações customizadas e gamificadas que vão do *on* para o *off*, entre tantas possibilidades. Para nós, profissionais de comunicação e RP, o que devemos ter em mente é que ao adentrar nesse universo, uma marca precisa pensar em estratégias de relacionamento desde o *pro player* (jogador profissional ou assíduo) até os jogadores casuais, esporádicos e os novos entrantes. São perfis, gêneros e classes sociais muito distintas que estão à frente dos consoles, mas também nos dispositivos móveis e *smartphones*, em jogos sofisticados ou mais simples, e com uma variedade não só de oportunidades, mas também de desafios e de desejos a serem atendidos pelas organizações.

Como qualquer planejamento estratégico de comunicação, acreditamos que é necessário evitar seguir os modismos para parecer apenas cool ou atualizado, avaliando bem o mercado de *games* junto a um desenho de objetivos e de estratégias das marcas com essas audiências, visando criar conexões de valor e que perdurem para gerar valor real aos negócios das organizações.

5.3 NFTs

NFT é a sigla em inglês para *non-fungible token* (ou *token* não fungível, na tradução para o português). O *token* é a representação digital de um ativo, como dinheiro, propriedade ou obra de arte, registrada em uma *blockchain*[71], no universo das criptomoedas. Ter um *token* significa ter uma propriedade ou um direito a ele ou parte dele. Um bem fungível, segundo o Código Civil Brasileiro, é aquele que pode ser substituído por outro de mesma espécie, qualidade e quantidade. Ou seja, NFTs, por serem não fungíveis, são ativos únicos, exclusivos, inéditos e insubstituíveis.

Uma NFT pode ser algo digital (arte gráfica) ou físico (quadro), com certificado digital de propriedade que qualquer pessoa pode ver e confirmar a autenticidade, mas ninguém pode alterar. Pode ser utilizada pelas organizações para criar experiências de comunicação que engajam e permitam interações, como obras de arte digitais; para gerar

---

71 De modo geral, a tecnologia *blockchain* é um mecanismo de banco de dados avançado que permite o compartilhamento transparente de informações na rede de uma empresa. A *blockchain* armazena dados em blocos interligados em uma cadeia.

receita, tais como ingressos para eventos ou artigos digitais exclusivos/limitados; ou, ainda, como estratégia de relações públicas, construindo relacionamentos com públicos de interesse ou reconstruindo sua imagem e reputação por meio da mais moderna tecnologia.

Em, 2023, a NBA lançou uma coleção de NFTs com valores mobiliários que ilustram momentos memoráveis da liga, que podem ser compradas pelos fãs e dão direito a acessar vídeos, áudios e outros conteúdos exclusivos. No mesmo ano, a Coca-Cola, por sua vez, criou uma coleção – a segunda da marca em dois anos – que representava obras de arte digitais inspiradas em ícones do refrigerante mais famoso do mundo. E a gigante Nike, também em 2023, produziu suas NFTs que representam tênis virtuais que podem ser usados por seus fãs em jogos de realidade virtual e aumentada. A seguir, imagem do site que comercializa os momentos memoráveis da NBA como NFTs, a partir de USD 1.

Figura 5.5 – NBA Top Shot

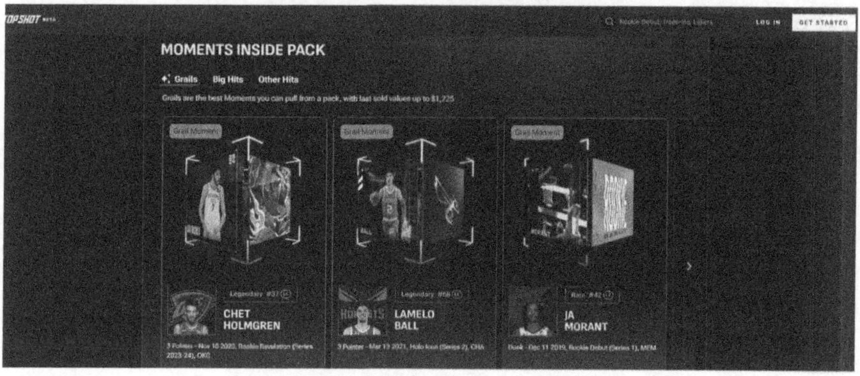

Fonte: Site NBA Top Shot (https://nbatopshot.com/).

A grife italiana Gucci disponibilizou uma coleção exclusiva de NFTs (figura abaixo) que representam roupas e acessórios digitais para serem usados em jogos e plataformas de realidade aumentada, como também para criar experiências de compra exclusivas, permitindo que os fãs do mundo fashion comprem produtos físicos e digitais ao mesmo tempo. A Universal Music Group, por sua vez, lançou NFTs que representam músicas e vídeos de seus principais artistas, permitindo acesso a conteúdos exclusivos, como faixas bônus, vídeos de bastidores e experiências de realidade aumentada. A marca também apostou no formato para criar programas de fidelidade, para que os fãs ganhem recompensas por ouvir músicas e assistir a vídeos de cantores e cantoras da gravadora.

Figura 5.6 – Imagens das NFTs da Gucci

Fonte: site OpenSea/Superplastic/SuperGucci (https://opensea.io/collection/superplastic-supergucci).

Alguns especialistas dizem que o mundo das NFTs colapsou e perdeu força, em meados de 2023, especialmente as coleções consideradas mais caras e populares. De acordo com a Nansen, uma casa de análises e *insights* sobre criptomoedas e outras tendências relacionadas à *blockchain*, todo o setor de NFTs passa por uma fase instável e de aparente baixa, e investidores encontram formas de liquidar seus *tokens*. Um mercado milionário, porém volátil, de bens digitais que encolheu, após seu *boom*. Será?

Apesar disso, parecem ser muitas ainda as vantagens do trabalho das marcas com as NFTs, e podemos perceber que elas se tornaram um recurso popular para engajar o público, antecipar recebíveis ou garantir a autoria e autenticidade de um bem criativo, com um registro imutável de propriedade de um item digital. Uma nova plataforma que vem atraindo a atenção de empresas, artistas e criadores que querem vender seus próprios trabalhos ou garantir direitos autorais com peças únicas para suas audiências. Como já ressaltamos, abraçar tendências e novas tecnologias é essencial para que as marcas contemporâneas atualizem sua mensagem de relevância e sua conexão com o público de forma estratégica, transformando-os em fãs ou embaixadores. As NFTs oferecem um novo local para envolver e interagir com essa comunidade, fortalecendo relacionamentos e, obviamente, gerando lucro para empresas de todos os portes e segmentos, desde que a estratégia faça sentido para as marcas e seus objetivos de negócios.

5.4 Inteligência artificial e automação das relações

A inteligência artificial (IA), como já falamos anteriormente, é uma tecnologia que, de modo geral, permite que os computadores simulem a inteligência humana. Vem crescendo rapidamente nos últimos anos e impactando todos os setores da sociedade, incluindo, logicamente, o campo da comunicação e das relações públicas. Neste contexto, a IA pode ser utilizada como recurso para automatizar processos repetitivos, como a análise de sentimentos, buscas, criação de conteúdo e a personalização de mensagens. Ela também pode ser usada para trazer, de modo rápido, *insights* importantes sobre o comportamento do público e prever tendências ou até mesmo crises. Especificamente nas plataformas digitais ou mesmo em *sites*, *blogs* e afins, a IA colabora na análise de opiniões, de notícias e de outros conteúdos *on-line* que estrategicamente interessam às marcas e aos comunicadores. Com base em monitoramento, analisando menções, resenhas e postagens dos usuários em *sites*, *blogs*, entre outros, por exemplo, tais ferramentas podem ser extremamente úteis para compreender mais a fundo e com mais rapidez, a percepção do público em relação a uma marca, seus produtos, serviços ou campanhas.

Outra importante funcionalidade da IA são os *chatbots* empregados para o atendimento virtual das marcas, dando respostas automatizadas e interagindo com o público em aplicativos de mensagens ou nas plataformas digitais. O SoyLuzia.com é uma ferramenta desenvolvida para responder dúvidas dos usuários por meio dos aplicativos de mensageria WhatsApp e Telegram. O usuário pode perguntar à LuzIA sobre o endereço de um local, uma receita de um prato ou mesmo para que ela crie e ofereça uma imagem criada por IA, por exemplo. Em sua mensagem inicial, ao ser acionada, LuzIA avisa:

> *Olá! Eu sou LuzIA, a sua assistente pessoal. Estou aqui para te ajudar com o que precisar, desde informações sobre viagens a planos de treino, até ao cuidado com as suas plantas. Eu até posso desenhar o que você imagina!*
>
> *Experimente fazer-me perguntas por texto ou enviar uma mensagem de voz com as suas dúvidas. Se quiser que eu faça um desenho, basta dizer 'imagina', seguido do que gostaria de ver. Também pode interagir com um dos meus amigos; basta digitar /amigos e você poderá escolher conversar com Hermione, revisar suas aulas de inglês, e muito mais.*
>
> *Lembre-se que o meu objetivo é melhorar a cada dia, e embora algumas respostas sobre pessoas, lugares ou eventos possam não ser precisas ou atualizadas, eu esforço-me para melhorar diariamente. Sua privacidade é nossa prioridade, então, por favor, não compartilhe informações pessoais comigo.*
>
> *Como posso ajudá-lo hoje?*

Figura 5.7 – Chatbot LuzIa

> Oi! Eu sou LUZIA, o seu contato do Whatsapp e do Telegram que utiliza todo o potencial da Inteligência Artificial para te ajudar no que você precisar. Basta escrever para mim ou enviar um áudio com sua solicitação, dúvida ou pergunta. Quando quiser e de onde quiser.

Fonte: https://www.soyluzia.com/pt-pt/.

CAPÍTULO 5
TECNOLOGIAS E TENDÊNCIAS EMERGENTES

Grandes varejistas nacionais como Casas Bahia e Magazine Luiza também fazem uso de assistentes em forma de *chatbots*, em vários formatos: via WhatsApp ou mesmo nas plataformas digitais. Eventos (o Rock in Rio criou o Roque, que dava informações sobre os *shows* e artistas com guias de atividades e alimentação), laboratórios de análises clínicas (solicitando pedidos médicos e documentos), e uma variedade de empresas e setores têm aderido aos *bots* como canal de atendimento e relacionamento com seus clientes para facilitar e tentar tornar mais ágil o contato. Como vantagens desse tipo de ferramenta, o atendimento 24 horas por dia, 7 dias por semana, em tempo real e por novos formatos que buscam interagir e manter os relacionamentos das marcas com suas audiências por meio da tecnologia, do imediatismo e da agilidade. Por outro lado, alguns usuários se ressentem de se relacionar com máquinas e podem criar percepções negativas a respeito daquela empresa, considerando o atendimento virtual um desleixo ou falta de atenção com o consumidor/usuário.

Figura 5.8 – Roque, o bot do Rock in Rio

Fonte: Facebook do evento (https://www.facebook.com/RockInRio/videos/531958147604402/).

A IA já é uma realidade no que diz respeito à revolução na forma como as relações públicas são praticadas. A seguir, listamos algumas tarefas que ganharam eficiência com a tecnologia:

- Automatização de trabalhos repetitivos.
- Geração de *insights*.
- Traduções e revisões de textos.
- Atendimento e personalização de mensagens para públicos específicos, o que pode melhorar a fidelidade do cliente e aumentar os pontos de contato com ele.

No entanto, a tecnologia e a automação podem trazer como ônus:

- Impacto no trabalho dos profissionais de comunicação: tarefas extremamente operacionais podem vir a ser substituídas pela IA.
- Questões de ética e transparência: a IA pode ser usada para criar conteúdo falso ou manipulador. É importante sinalizar sempre que a tecnologia for utilizada.
- Impacto no público: questões referentes à cessão de dados, de direitos de uso de imagens, propriedades e afins podem ser sensíveis e passíveis de contestação.

Vale destacar também o uso de ferramentas de inteligência artificial generativa (IAG) no trabalho dos profissionais de comunicação organizacional e relações públicas. *Softwares* como ChatGPT, Bing, Google Bard, Midjourney, entre tantos outros, podem ser aliados para a redação de textos, criação de imagens e vídeos, traduções e resumos de notícias, por exemplo. Porém carregam em seu bojo questões éticas: de quem é a autoria de algo produzido por uma IAG? É preciso avisar a audiência de que a criação foi feita a partir de tal recurso? Um caso polêmico, segundo a agência Brasil[72], envolveu a capa do livro Frankenstein, feita pelo *designer* Vicente Pessôa, utilizando-se do Midjourney. Na ocasião, a obra foi retirada da lista do Prêmio Jabuti 2023 (o mais importante do cenário literário nacional), pelo corpo de jurados da Câmara Brasileira do Livro (CBL), por ter elementos gráficos feitos por *softwares* de inteligência artificial. Mesmo identificando que a imagem foi criada pelo *designer* e pela ferramenta, não houve volta, apenas uma grande repercussão do caso e uma divisão de opiniões acerca da autoria da imagem.

---

72 Disponível em: https://www.tecmundo.com.br/software/273742-premio-jabuti-desclassifica-livro-ilustrado-ferramenta-ia.htm

Figura 5.9 – Capa do livro gerada em conjunto com ferramenta de IAG

Fonte: Agência Brasil e Vicente Pessôa.

Isso posto, entendemos que automatizar ações de comunicação e relacionamentos hoje é criar percursos, em teoria, mais rápidos e mais assertivos para atender às audiências das marcas, cada vez mais impacientes e hiperconectadas. Pode representar uma redução de custos, de pessoal e uma maior eficiência operacional também, e já existem ferramentas gratuitas, na *web*, para uso de IAG e criação de *chatbots* básicos. No entanto, assistimos a diversas situações de consumidores frustrados por estarem lidando com algo feito por uma "falsa" inteligência ou por serem atendidos por uma máquina em vez de um ser humano. Até que ponto, então, automatizar é bom ou ruim?

A automatização não é boa nem ruim: ela é uma transformação inegável da nossa sociedade, que transforma também as relações entre uma organização e seus públicos. Durante a pandemia de COVID-19 e o isolamento social, por exemplo, vimos uma hiperexpansão no uso do digital e, também, dos assistentes virtuais das ferramentas *on-line*. E tudo isso parece aumentar em progressão geométrica com IAs cada vez mais avançadas e com os vestíveis, a chamada "*internet* das coisas".

Mas é preciso ter em mente que as atividades de RP e comunicação "caminham" de acordo com o momento, e assim também deve evoluir quem trabalha no campo: em um eterno modo beta, atento e flexível. Acreditamos que a tecnologia não irá substituir o homem, pelo menos não por agora. E que a IA e a automação podem ser grandes aliadas, em especial para quem trabalha com comunicação e RP, pois somente com o olhar e a curadoria humanas é que a tecnologia é capaz de alcançar sua máxima potencialidade.

5.5 Saúde e bem-estar em tempos de hiperconexão

A partir do que discutimos nesta obra, e em meio a tantas tecnologias, novidades, desafios e oportunidades mediadas pela tecnologia, parece que estamos vivendo uma *overdose* de tudo: de imagens, estímulos, vozes, mensagens, dando margem a discussões de conceitos contemporâneos importantes, como visibilidade, espetáculo, cansaço, entre outros. Um panorama de sobrepeso informativo ("infoxicação") e hipertransparência de tudo e de todos (ou quase), em um mundo digital e de oferta de informação abundante e ubíqua[73].

Com tantas plataformas, formatos, fontes, dispositivos, formas de acesso e tecnologia disponíveis, conseguir informação hoje não é algo tão difícil. São incontáveis os estímulos em forma de mensagens de texto, *e-mails*, sons, e imagens não só recebidos, mas também gerados na rede a cada segundo, todos os dias. Uma verdadeira "sociedade do cansaço", como cravou o filósofo e ensaísta, Byung-Chul Han, em uma época de hiperestimulação sensorial e doenças neurais causadas pelo excesso de incentivo a sermos mais e mais produtivos, dando conta de tudo que precisamos fazer em um mundo totalmente acelerado e controlado pelo digital. Tudo está visível o tempo todo e para todos, e isso também contribui para a exaustão informacional de pessoas multitarefas, e de atenção e interrupção 24/7. Se pensarmos na rede, per se, ela é uma máquina de divisão de atenções, de interrupções que valorizam o *self* e o agora e nos fazem querer ser interrompidos cada vez mais por estímulos de todos os tipos. Tudo isso favorece a estafa mental e a intoxicação

---

73 De modo geral, em todos os lugares e ao mesmo tempo.

informacional que sofremos diariamente, e a comunicação é o pilar central dos nossos tempos e de tudo que fazemos.

Por tudo isso, a sociedade discute (e busca) alternativas para doenças que antes eram raras e são potencializadas pelo excesso informativo atual. Uma das síndromes, surgida no começo dos anos 2000 e chamada FOMO (sigla do inglês *fear of missing out*, ou o medo de ficar de fora, em especial das redes), traz como consequências mais comuns a ansiedade, o mau humor e até mesmo a depressão e o *burnout*[74]. As pesquisadoras Issaaf Karhawi e Michelle Prazeres cunharam o termo "exaustão algorítmica"[75], uma alusão ao quão reféns do *modus operandi* das plataformas de mídias sociais os criadores de conteúdo e os usuários se tornam. São muitos aplicativos, muitas conexões, muitos posts, muitas mensagens, muitas redes e muitos *e-mails* para serem lidos e absorvidos nas 24 horas do dia. O "vício" de uma vida totalmente pautada por experiências conectadas e compartilhadas a todo o momento atinge todas as faixas etárias e já tem seu contraponto, a JOMO (sigla para *joy of missing out*, ou a alegria de estar por fora) que prega o prazer de viver o aqui, o agora, no momento presente e longe das redes digitais.

O *detox* digital (#digitaldetox, famosa *hashtag* da luta contra o excesso de tempo nas redes), também segue a linha antiexcesso informativo, na busca por momentos de silêncio, de paz e de atenção plena (ou *mindfullness*[76]) em meio ao caos da vida moderna. Um "viver bem" que parece ganhar força a cada ano e busca mais qualidade de vida e autonomia para uma rotina menos insana e angustiante. Os espaços sem celular, por exemplo, vêm se multiplicando no mundo todo, inclusive nas escolas. A marca Yondr criou um sistema *phone free* – que Madonna usou na turnê Madame X, de 2019 –, para que as pessoas "estejam presentes aqui", como diz seu *slogan* e pregava a cantora na época, justificando a decisão de fazer uma bateria de *show* sem *smartphones* na plateia. A companhia reforça que sua missão é criar espaços "onde a conexão, o foco e a criatividade genuínos possam florescer na ausência de tecnologia"[77].

---

[74] Distúrbio caracterizado pelo estado de grande tensão emocional, provocado por altos níveis de estresse.
[75] Disponível em: https://www.reciis.icict.fiocruz.br/index.php/reciis/article/view/3378.
[76] Prática de se concentrar completamente no momento presente.
[77] Disponível em: https://www.overyondr.com/.

Uma imagem que viralizou e se tornou emblemática na virada do ano 2023/2024, nas ruas de Paris, na França, mais especificamente na Champs-Élysées, famosa avenida da cidade, foi a multidão de pessoas registrando o momento do *show* de fogos do Ano-Novo. Muitas críticas vieram no sentido de que as pessoas estavam mais preocupadas em registrar o momento nas redes do que em vivê-lo, e de que estamos a cada ano mais dependente dos nossos celulares e das plataformas e aplicativos de mensagens.

Figura 5.10 – Multidão e seus celulares na virada do ano de 2024 em Paris, França

Fonte: Folha de S.Paulo/reprodução.

Diante de todo esse cenário, um conceito vem ganhando espaço, em especial nas organizações: a chamada gestão da felicidade, que visa a promoção do bem-estar e motivação dos funcionários, com um maior equilíbrio entre vida profissional e pessoal. O tema ganhou força especialmente após a pandemia de COVID-19, quando o isolamento social e o *home office* se tornaram realidade para uma parcela das pessoas, borrando os limites entre o trabalho e a casa. Para alguns especialistas, a gestão da felicidade se liga diretamente a uma gestão estratégica das pessoas, ou a uma gestão mais humanizada, com uma nova experiência para os trabalhadores, em troca da qualidade de suas entregas e compromisso. Marcas importantes como Google, Heineken e Chilli Beans já têm o chamado CHO (*chief happiness officer*), ou chefe de felicidade, na tradução, tido por muitos como uma das profissões do futuro. A justificativa parece simples: se os funcionários estão felizes, eles trabalham mais e melhor.

Alguns dizem uma gestão da felicidade é uma invencionice corporativa para reter e atrair talentos, ou gerar *buzz* e melhorar a reputação como marca empregadora – esta última, uma parte do trabalho de RP que vem crescendo a cada dia, em paralelo ao fortalecimento das temáticas ESG[78]. Ser uma organização ancorada nos pilares ambiental, social e de governança se torna também uma possibilidade de construção reputacional e de relacionamentos com novos *stakeholders*. Certificações importantes como Great Place to Work, Melhor RH do país, ou o selo Eureciclo[79], por exemplo, entram definitivamente no radar das assessorias, que começam a trabalhar externa e estrategicamente mensagens-chave relacionadas à saúde, bem-estar, segurança e sustentabilidade, entre outras que vão além das tradicionais ligadas a produtos e serviços.

Mas será que, diante de toda a avalanche de informação e tarefas dos tempos atuais, é possível oferecer felicidade e saúde como um benefício? Se pensamos em um ambiente de trabalho adequado e seguro, com sistemas, valores e processos que possibilitem às pessoas saberem o que se espera delas e de seus talentos, com um pagamento e uma carga de trabalho adequados às suas entregas, talvez. Esse é um tema emergente, e um longo caminho que ainda vai trazer muita discussão e desenvolvimento. Fato é que o bem-estar físico, mental e emocional vem ganhando protagonismo em todas as esferas hoje, incluindo a corporativa, e deve seguir conquistando espaço e prioridade em uma sociedade cada vez mais conectada, mais digital e também mais exausta. Uma "tendência" importante que deve fazer o trabalho de comunicação e RP ligado a tais temáticas crescer na mesma proporção, ampliando ainda mais o escopo de atuação do campo e de seus profissionais.

---

78 Conjunto de padrões e boas práticas que visa definir se uma organização é socialmente consciente, sustentável e corretamente gerenciada. E, de *environment*, ou meio ambiente, S, de social, e G, de *governance*, ou de governança.

79 Empresa que certifica a chamada logística reversa de embalagens pós-consumo, gerando incentivos para elevar as taxas de reciclagem no país.

CONSIDERAÇÕES FINAIS

Após a nossa tentativa de mapear tendências e transformações sofridas na área de comunicação organizacional e relações públicas, de uma maneira geral, chegamos ao fim do livro sabendo que:

- As mudanças são e serão sempre constantes.
- A área é, sempre foi e continuará sendo extremamente dinâmica.
- É preciso que nós, profissionais de comunicação e RP, estejamos atentos e flexíveis para incorporar as evoluções em nossas práticas, acompanhando as mudanças do campo na mesma velocidade.

Do ponto de vista da comunicação, há uma necessidade constante de buscar novos formatos e locais que consigam reter e conquistar novas audiências, criando conteúdos que interessem às empresas de mídia e navegando no mutante mundo das plataformas. É preciso compreender também as transformações sofridas nesse campo e "abraçar" a ampliação do escopo da nossa atuação (o que antes se resumia às relações com a imprensa e à comunicação interna, atualmente, apresenta uma variedade de atividades, linguagens, lugares e oportunidades). Mais do que nunca, a tal comunicação integrada se faz compulsoriamente implementada, e não apenas relações públicas de maneira isolada. É preciso que as áreas de jornalismo, publicidade, *marketing*, audiovisual, as ciências exatas e tecnológicas também adentrem a atividade. Hoje, somos obrigados a pensar, como se diz no mercado, 360.

Do lado da tecnologia, a área de comunicação e RP exige domínio da tecnicidade, a fluência em algoritmos e *modus operandi* das plataformas, e um entendimento, reflexão e capacidade para lidar com a evolução galopante de tecnologias como a inteligência artificial. Do lado "social" da comunicação, faz-se necessário compreender cada vez mais os públicos, onde e como ele se comunicam, quais são seus desejos e de que forma é possível criar vínculos cada vez mais fortes e autênticos.

Esperamos que este livro seja um ponto de partida para novos olhares sobre o mundo volátil, complexo e ágil que vivemos, e que tem a comunicação como pilar central.

Carolina Frazon Terra e João Francisco Raposo

REFERÊNCIAS BIBLIOGRÁFICAS

ALVES, Soraia. **Dicionário Macquarie elege "cultura do cancelamento" como o termo de 2019.** Site B9, dez. 2019. Disponível em: https://www.b9.com.br/118160/dicionario-macquarie-elege-cultura-do-cancelamento-como-o-termo-de-2019/#:~:text=A%20cultura%20do%20cancelamento%20%C3%A9,pr%C3%B3prios%20discursos%20ou%20valores%20promovidos. Acesso em: 16 nov. 2023.

COSTA BUENO, Wilson da. Gestão de Crise. *In*: SCHEID, Daiane; MACHADO, Jones; PÉRSIGO, Patricia Milano (org.). **Estrato de verbetes:** dicionário de comunicação organizacional. Disponível em: https://www.academia.edu/41205637/DICION%C3%81RIO_EstratO_de_verbetes. Santa Maria: FACOS, UFSM, 2018. Acesso em: 15 out. 2023.

DREYER, Bianca Marder. **Relações públicas na contemporaneidade:** contexto, modelos e estratégias. São Paulo: Summus, 2017.

EMERGEN Research. **Digital human avatar market size.** Site Emergen Research. Disponível em: https://www.emergenresearch.com/industry-report/digital-human-avatar-market. Acesso em: 15 out. 2023.

GABRIEL, Martha. **Gestão de crises em mídias sociais.** Site Martha Gabriel. Disponível em: https://www.martha.com.br/ Acesso em: 7 nov. 2023.

KUNSCH, Margarida Maria Khroling. Comunicação organizacional na era digital: contextos, percursos e possibilidades. **Revista Signo y Pensamiento,** vol. XXVI, numero 51, julio-diciembre 2007, p. 38-51. Disponível em: http://revistas.javeriana.edu.co/index.php/signoypensamiento/article/viewFile/3714/3379 Acesso em: 23 out. 2023.

LOGAN, Megan. We try to decipher Chevy's bewildering *emoji press release*. **Wired Magazine**, 22 jun. 2015. Disponível em: https://www.wired.com/2015/06/emoji-press-release/. Acesso em: 18 ago. 2023.

MEERMAN, David. *Newsjacking*: how to inject your ideas into a breaking news story and generate tons of media coverage. 1st ed. Wiley, 2011.

MELO, Luísa. **Rato na Coca-Cola nunca existiu, conclui TJ-SP**. Site EXAME, abr. 2014. Disponível em: https://exame.com/negocios/rato-na-coca-cola-nunca-existiu-conclui-tj-sp/ Acesso em: 2 set. 2023

PROPMARK. **Burger King polemiza com tweet sobre lugar de mulher**. Propmark, 9 mar. 2021. Disponível em: https://propmark.com.br/burger-king-polemiza-com-tweet-sobre-lugar-de-mulher/. Acesso em: 16 out. 2023.

R7. **Volkswagen admite ter adulterado 11 milhões de carros no mundo para maquiar resultados de emissões**, set. 2015. Disponível em: https://noticias.r7.com/carros/volkswagen-admite-ter-adulterado-11-milhoes-de-carros-no-mundo-para-maquiar-resultado-de-emissoes-29062022. Acesso em: 16 set. 2023

RAPOSO, João Francisco. **Sobre comunicação "plataformizada" e a saída das marcas das redes sociais**: é preciso estar onde o público está. Medium, maio 2019. Disponível em: https://medium.com/p/691fc4ba65d1. Acesso em: 1º set. 2023

RAPOSO, João Francisco. **Madonna vai fazer uma turnê sem smartphones na plateia. E o que você tem a ver com isso?** Medium, set. 2019. Disponível em: https://medium.com/p/9dff1c502774 . Acesso em: 24 out. 2023

RAPOSO, João Francisco. **Comunicação "plataformizada", relacionamento e presença das marcas nas redes sociais digitais**. Blog do Com+, ago. 2020. Disponível em: http://www.commais.org/2020/08/sobre-comunicacao-plataformizada-relacionamento-e-presenca-das-marcas-nas-redes-sociais-digitais/. Acesso em: 23 nov. 2023.

SAAD, Elizabeth. **A comunicação das organizações diante de públicos, esfera pública e opinião pública**: como as plataformas sociais digitais se encaixam nisso? Organicom, ano 17, n. 33, 2º semestre de

2020. Disponível em: https://www.revistas.usp.br/organicom/article/view/175986. Acesso em: 12 out. 2023.

SACCCHITIELLO, Barbara. **T4F**: crises e consequências após a turnê de Taylor Swift no Brasil. Site Meio & Mensagem, nov. 2023. Disponível em: https://www.meioemensagem.com.br/marketing/t4f-crises-e-consequencias-apos-turne-de-taylor-swift-no-brasil. Acesso em: 23 nov. 2023.

TERRA, Carolina Frazon; DREYER, Bianca Marder; RAPOSO, João Francisco. **Comunicação organizacional:** práticas, desafios e perspectivas digitais. São Paulo: Summus Editorial, 2021.

TERRA, Carolina Frazon; SAAD, Elizabeth; RAPOSO, Joao Francisco. **Comunicação Organizacional em tempos de algoritmos e hiperconexão digital.** XXVIII Encontro Anual da Compós, Pontifícia Universidade Católica do Rio Grande do Sul, Porto Alegre - RS, 11 a 14 de junho de 2019. Disponível em: https://www.academia.edu/40340710/Comunica%C3%A7%C3%A3o_Organizacional_em_tempos_de_algoritmos_e_hiperconex%C3%A3o_digital. Acesso em: 2 out. 2023.

TERRA, Carolina Frazon; RAPOSO, João Francisco. **Datificação das relações públicas:** predictive PR e decisões fundamentadas em dados. XV Congreso de la Asociación Latinoamericana de Investigadores de la Comunicación (ALAIC), 2020. Disponível em: https://www.academia.edu/44518396/Datafica%C3%A7%C3%A3o_das_Rela%C3%A7%C3%B5es_P%C3%BAblicas_predictive_PR_e_decis%C3%B5es_fundamentadas_em_dados_Dataficaci%C3%B3n_de_las_Relaciones_P%C3%BAblicas_predictive_PR_y_decisiones_fundamentadas_en_datos_Public_Relations_Datafication_predictive_PR_and_data_driven_decisions. Acesso em: 14 out. 2023.

TERRA, Carolina Frazon; RAPOSO, João Francisco. **Midiatização, plataformização e datificação da comunicação organizacional:** apontamentos sobre a comunicação contemporânea no contexto das organizações. XIV Congresso Brasileiro Científico de Comunicação Organizacional e de Relações Públicas - Bauru/SP - 2020. Disponível em:https://www.academia.edu/44215589/Midiatiza%C3%A7%C3%A3o_Plataformiza%C3%A7%C3%A3o_e_Datifica%C3%A7%C3%A3o_da_Comunica%C3%A7%C3%A3o_Organizacional_apontamentos_sobre_a_comunica%C3%A7%C3%A3o_contempor%C3%A-2nea_no_contexto_das_organiza%C3%A7%C3%B5es_Mediatization_Platformization_and_Datafication_of_Organizational_Communication_notes_on_contemporary_communication_in_the_context_of_organizations. Acesso em: 23 set. 2023.

TERRA, Carolina Frazon; RAPOSO, João Francisco. **Bad PR**: visibilidade a qualquer custo gera retorno? Site Meio & Mensagem, maio 2020. Disponível em: https://www.meioemensagem.com.br/proxxima/arquivo/how-to/bad-pr-visibilidade-a-qualquer-custo-gera-retorno. Acesso em: 15 set. 2023.

TERRA, Carolina Frazon; RAPOSO, João Francisco. **Marcas sociais e relacionamentos em transformação**: o "novo normal" da comunicação? Site Meio & Mensagem, maio 2020. Disponível em: https://www.meioemensagem.com.br/proxxima/arquivo/how-to/social-brands-e-relacionamentos-em-transformacao-o-novo-normal-da-comunicacao. Acesso em: 15 set. 2023.

TERRA, Carolina Frazon; RAPOSO, João Francisco. **Sobre cancelamento, oportunismo e o caso Romero Britto**: de qual comunicação estamos falando? Blog do Com+, ago. 2020. Disponível em: http://www.commais.org/2020/08/sobre-cancelamento-oportunismo-e-o-caso-romero-britto-de-qual-comunicacao-estamos-falando/. Acesso em: 17 out. 2023.

TERRA, Carolina Frazon; RAPOSO, João Francisco. **Como a comunicação das marcas sobrevive a um mar de dados e plataformas?**. Blog do Com+, ago. 2020. Disponível em: http://www.commais.org/2020/08/como-a-comunicacao-das-marcas-sobrevive-a-um-mar-de-dados-e-plataformas/. Acesso em: 13 out. 2023.

TERRA, Carolina Frazon; RAPOSO, João Francisco. **Influenciadores internos e *employer branding*.** Site Meio & Mensagem, set. 2020. Disponível em: https://www.meioemensagem.com.br/proxxima/arquivo/patrocinado/proxxima/influenciadores-internos-e-employer-branding. Acesso em: 15 out. 2023.

TERRA, Carolina Frazon; RAPOSO, João Francisco. **Robôs, assistentes virtuais e *chatbots*:** faz sentido automatizar a comunicação organizacional? Blog do Com+, set. 2020. Disponível em: http://www.commais.

org/2020/09/robos-assistentes-virtuais-e-chatbots-faz-sentido-automatizar-a-comunicacao-organizacional/. Acesso em: 17 out. 2023.

TERRA, Carolina Frazon. **Marcas influenciadoras digitais:** como transformar organizações em produtoras de conteúdo digital. São Caetano do Sul: Difusão, 2021.

TERRA, Carolina Frazon. **Cancelando o cancelamento:** bom mocismo e monetização da empatia. Blog do Com+, fev. 2021. Disponível em: http://www.commais.org/2021/02/cancelando-o-cancelamento-bom-mocismo-e-monetizacao-da-empatia/. Acesso em: 2 set. 2023.